So funktioniert ein Stromkreis

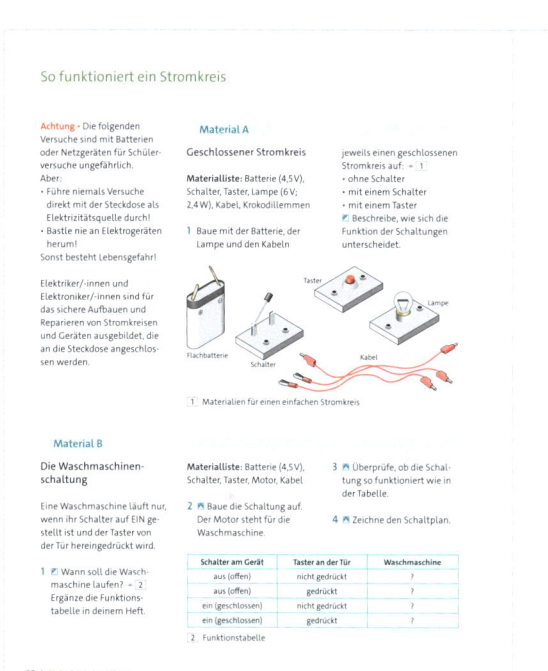

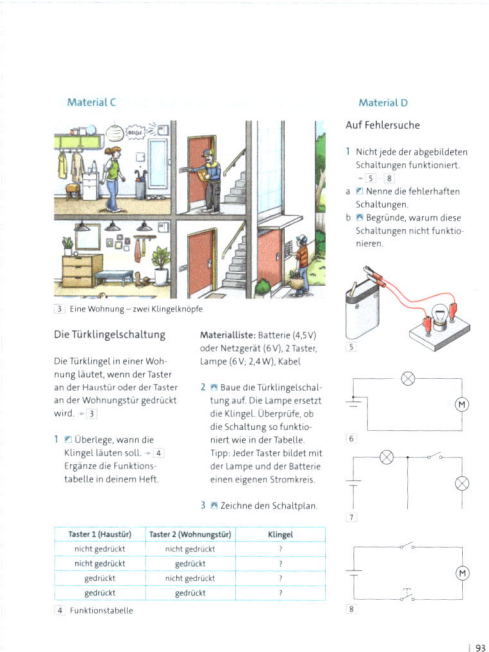

■ **Materialseiten**

… vor allem
zum Anwenden
und Üben

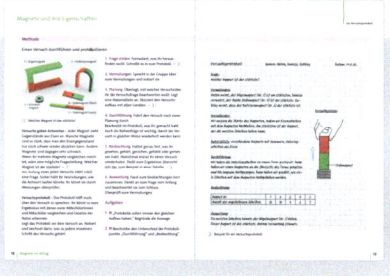

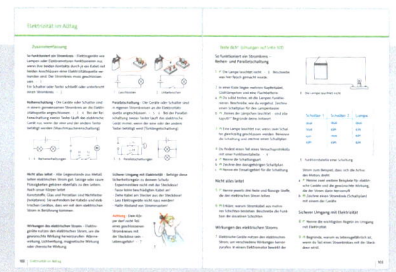

■ **Methodenseiten** zeigen Schritt
für Schritt an einem Beispiel, wie
man eine Arbeitsweise sinnvoll
angeht.

■ **Erweitern-und-Vertiefen-Seiten**
bieten interessante zusätzliche
Texte mit Bildern und Aufgaben.

Die **Zusammenfassung** gibt einen
Überblick über die Lerninhalte
des Kapitels.

Die Aufgaben der **Teste-dich!-Seiten**
helfen dir, dein Wissen selbst
einzuschätzen. Die Lösungen der
Aufgaben findest du im Anhang.

Aufgaben, Methoden, Texte und Materialien mit
tragen zum Erwerb von Medienkompetenzen bei.

NIEDERSACHSEN

Natur UND TECHNIK

Physik 5/6

Cornelsen

NATUR UND TECHNIK
Physik 5/6 Niedersachsen

Autoren: Siegfried Bresler, Dr. Jochim Lichtenberger, Sven Theis

Mit Beiträgen von: Volker Abegg, Bernd Heepmann, Christian Hörter, Reimund Krönert, Steffen Lenz, Werner Maier, Franz Mangold, Wilhelm Schröder, Gottfried Wiedenmann, Franz Wimmer

Redaktion: Thomas Gattermann, Stephan Möhrle

Grafik und Illustration: Laura Carleton, Rainer Götze, Matthias Pflügner

Umschlaggestaltung: SOFAROBOTNIK GbR, Augsburg & München

Layoutkonzept: Typo Concept GmbH, Hannover

Technische Umsetzung: Straive

Begleitmaterialien zum Lehrwerk

Schulbuch als E-Book	1100029865
Handreichungen für den Unterricht mit Kopiervorlagen	978-3-06-011316-3
Unterrichtsmanager Plus	1100029871

www.cornelsen.de

Dieses Werk enthält Vorschläge und Anleitungen für Untersuchungen und Experimente. Vor jedem Experiment sind mögliche Gefahrenquellen zu besprechen. Beim Experimentieren sind die Richtlinien zur Sicherheit im Unterricht einzuhalten.

1. Auflage, 1. Druck 2022

Alle Drucke dieser Auflage sind inhaltlich unverändert und können im Unterricht nebeneinander verwendet werden.

© 2022 Cornelsen Verlag GmbH, Berlin

Druck und Bindung: Mohn Media Mohndruck, Gütersloh

ISBN 978-3-06-011314-9

PEFC zertifiziert
Dieses Produkt stammt aus nachhaltig bewirtschafteten Wäldern und kontrollierten Quellen.
www.pefc.de

PEFC/04-31-1033

Inhaltsverzeichnis

Seiten mit diesem Zeichen enthalten Inhalte,
die zum Erwerb von Medienkompetenzen beitragen.

Zum Nachschlagen

Physik – dein neues Schulfach

1 Warum steht das Bild an der Glaskugel auf dem Kopf?

In der Natur kann man spannende Dinge beobachten. Dabei entstehen Fragen, die mit Experimenten beantwortet werden können.

₅ **Physik – eine Naturwissenschaft** • In der Naturwissenschaft Physik bemüht man sich, Vorgänge und Erscheinungen in der Natur und in der Technik besser zu verstehen. Physik ist also etwas für

₁₀ Neugierige. Du wirst selbst Sachen ausprobieren und erforschen können. Beim Untersuchen von Vorgängen und Erscheinungen in der Natur werden Fragen an die Natur gestellt. Diese ₁₅ Fragen werden in der Physik durch Experimente beantwortet. In der Schule finden solche Experimente meist im Fachraum statt. Beim Experimentieren ist es wichtig, dass du genau beobachtest und alles exakt beschreibst. ➝ 2 ₂₀ test und alles exakt beschreibst. ➝ 2 Oft reichen Augen und Ohren zum genauen Beobachten und Beschreiben nicht aus. Daher kommen beim Experimentieren Messgeräte zum Einsatz. ₂₅ ➝ 3 Einfache Messgeräte kennst du sicher schon: Lineal, Stoppuhr oder Thermometer.

> Die Physik erklärt Vorgänge und Erscheinungen in Natur und Technik. Im Physik-Unterricht werdet ihr dazu experimentieren, beobachten, messen und dokumentieren.

Aufgaben

1 ☑ Beschreibe, wie die Physik vorgeht, um Erscheinungen in der Natur besser zu verstehen.

2 ☑ Nenne Messgeräte, die beim Experimentieren eingesetzt werden.

3 ☑ Wie weit dehnt sich ein Bungee-Seil bei verschieden schweren Springern? Gib an, welches Experiment bei der Antwort auf diese Frage helfen soll. ➝ 2 3

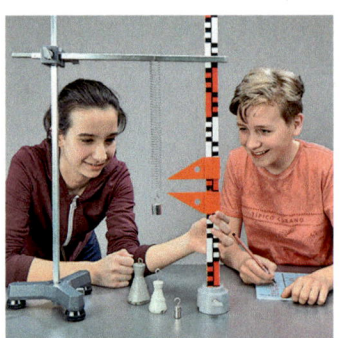

2 Genau beobachten   **3** Messen und protokollieren

Material A

Schattenbilder

Materialliste: Teelicht, Pappstreifen, weißes Blatt

1 ☒ Erzeuge einen Schatten mit dem Teelicht und dem Pappstreifen auf dem weißen Blatt. ➔ 4 Beschreibe, wie du vorgehst,

a um einen möglichst kleinen Schatten zu bekommen.
b um einen möglichst großen Schatten zu erhalten.

2 ☒ Schreibe den Ergebnissatz in dein Heft und fülle die Lücken: Je ◇ der Abstand zum Teelicht ist, desto ◇ ist der Schatten.

Material B

Kinderleicht?

Materialliste: leere Wasserflasche, Papierkügelchen

1 Es kann doch nicht schwer sein, das Kügelchen in die Flasche zu pusten! ➔ 5 Versuche es selbst einmal!

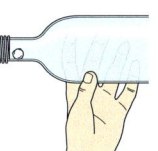

Material C

Wie schnell ist mein Puls?

Materialliste: Stoppuhr (Smartphone)

1 ☒ Miss deinen Puls in Ruhe. ➔ 6 Mache dann schnell 10 Kniebeugen und miss erneut. Gib an, wie sehr sich dein Puls verändert hat.

Material D

Wer tönt denn da?

Materialliste: mehrere Stimmgabeln (darunter 2 gleiche Stimmgabeln) auf Resonanzkästen

1 Schlage eine der beiden gleichen Stimmgabeln an – und halte ihre Zinken gleich wieder fest. ➔ 7 Ist der Ton jetzt vorbei? ☒ Vermute eine Erklärung.

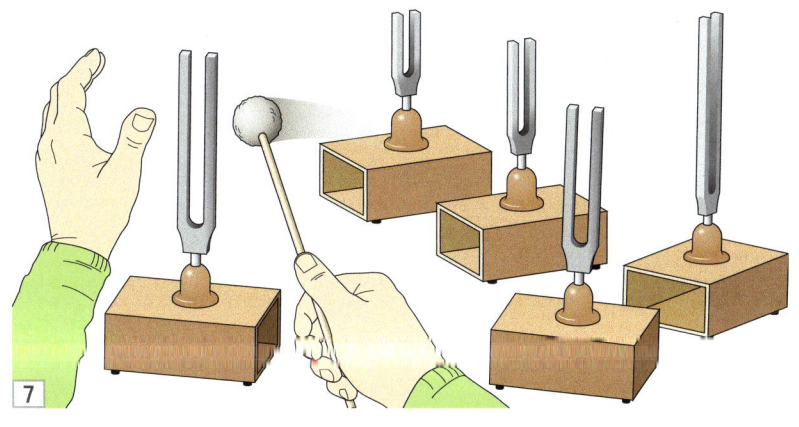

Physik – dein neues Schulfach

Fachwörter lernen

Im Fach Physik werden Wörter gebraucht, die du vielleicht noch nicht kennst. Wir nennen sie Fachwörter. Manche Fachwörter kennst du vielleicht schon aus dem Alltag, aber mit einer anderen Bedeutung als im Physikunterricht. In diesem Buch sind wichtige neue Fachwörter immer rechts oben auf der Basisseite notiert. Weitere Fachwörter wird dir die Lehrerin oder der Lehrer nennen. Fachwörter kannst du dir einprägen, indem du sie auflistest und ihre Bedeutung notierst. So gehst du vor:

1. Fachwortliste anlegen Schreibe in die erste Spalte der Liste das Fachwort auf, mit dem Artikel (der, die, das). → 1 Bei Verben notierst du die Grundform (Infinitiv). In der Spalte daneben schreibst du, was das Wort bedeutet. Die Bedeutung findest du aus dem Text heraus oder du schreibst dazu selbst ein paar Worte. Du kannst auch zusätzlich ein Beispiel für die Verwendung angeben.

Fachwort	Bedeutung
der Magnet ...	... ist ein Gegenstand, der Stoffe aus Eisen, Nickel und Cobalt anzieht.
der Magnetpol ...	... ist der Ort, an dem die Anziehung eines Magneten besonders groß ist.
die Anziehung ...	... ist die Wirkung eines Magneten auf Stoffe aus Eisen, Nickel und Cobalt.
magnetisieren	Eisen mit einem Magneten magnetisch machen

1 Beispiel für eine Fachwortliste

2. Fachwörter lernen Solch eine Fachwortliste solltest du in deiner Mappe aufbewahren und immer weiter ergänzen. Zum Lernen kannst du die Fachwortliste nutzen wie eine Vokabelliste im Englisch-Unterricht: Verdecke eine Spalte und nenne den Begriff oder seine Bedeutung. Das macht in einer Lernpartnerschaft noch mehr Spaß.

Du kannst auch eine Lernkartei erstellen. Auf die Vorderseite jeder Karte schreibst du das Fachwort und auf die Rückseite seine Bedeutung.

Tipp: Mit Erlaubnis deiner Eltern kannst du kostenfreie Apps herunterladen, mit denen du eine digitale Lernkartei oder ein Quiz zu Fachwörtern erstellen kannst. → 2 🖾

2 Lernen mit der digitalen Lernkartei

Aufgabe

1 🗹 Übernimm den Anfang der Fachwortliste in dein Heft und ergänze sie um weitere fünf Fachwörter aus dem Kapitel „Magnete im Alltag". → 1

Schwierige Wörter verständlich machen

Wettervorhersage • Tausende Wetterstationen messen Temperatur, Luftdruck, Luftfeuchtigkeit sowie Stärke und Richtung des Winds automatisch. Die Messwerte werden an Computer übermittelt. Dazu kommen die Daten von Radarstationen und Wettersatelliten. Die Satelliten fotografieren die Erde aus dem All und ermitteln die Bewölkung und die Temperatur. Die Computer berechnen dann Vorhersagen. Bauern können dann die Trockenheit des Bodens und das Wachstum der Pflanzen einschätzen.

3 Ausschnitt aus einem Fachtext

Wort	Herkunft und Bedeutung
der Wettersatellit	zusammengesetzt aus *das Wetter* und *der Satellit* (Raumfahrzeug), Bedeutung: Raumfahrzeug zur Wetterbeobachtung
die Trockenheit	stammt vom Adjektiv *trocken*, Bedeutung: wie trocken zum Beispiel der Boden ist
das Wachstum	stammt vom Verb *wachsen*, Bedeutung: wie gut oder wie schnell zum Beispiel die Pflanzen wachsen

4 Beispielliste

Die Texte in diesem Buch sind Fachtexte. Sie enthalten oft schwierige oder unbekannte Wörter. ⇒ 3 Fachwörter kannst du mit einer Fachwortliste erschließen. Schwierig sind oft auch Nomen, die zusammengesetzt sind oder von Verben oder Adjektiven stammen. So gehst du vor, um sie verständlich zu machen:

1. Schwierige Wörter notieren Notiere schwierige Wörter aus dem Text mit dem Artikel in einer Liste. ⇒ 4 Von Verben stammen oft Nomen mit den Endungen „-ung" oder „-tum". Nomen von Adjektiven haben die Endungen „-heit" oder „-keit".

2. Schwierige Wörter umschreiben
Du verstehst die Nomen leichter, wenn du die Herkunft der Nomen klärst. ⇒ 4 Markiere in der Liste zusammengesetzte Worter, Nomen

aus Verben und Nomen aus Adjektiven jeweils mit einer anderen Farbe.
Bei zusammengesetzten Wörtern hilft es, sie in ihre Bestandteile zu zerlegen. Überlege, was die Bestandteile bedeuten. Wenn du die Bedeutung nicht kennst, schlage sie nach, zum Beispiel in einem Wörterbuch. Notiere, was das zusammengesetzte Wort bedeutet. Schreibe zu den Nomen aus Adjektiven und Verben das Wort, von dem sie stammen. Ergänze jeweils, was sie bedeuten.

Aufgabe

1 ⊠ Lies den Beispieltext. ⇒ 3 Übernimm die Beispielliste in dein Heft. ⇒ 4
a Notiere weitere schwierige Wörter aus dem Text. Markiere sie je nach Typ farbig.
b Nenne Herkunft und Bedeutung der Wörter.

Sicherheit im Fachraum

1 Experimentierregeln beachten!

Im Fach Physik wirst du häufig im Fachraum arbeiten. Um Gefahren zu vermeiden, musst du dich an die Sicherheitsregeln halten.

5 **Im Fachraum** • Beachte beim Betreten:
- Den Fachraum darfst du grundsätzlich nur mit der Lehrkraft betreten.
- Wildes Herumrennen ist ebenso gefährlich wie das Schubsen eines 10 Mitschülers oder einer Mitschülerin. Es könnte zu Verletzungen kommen.
- Lege deine Tasche und Jacke niemals hinter deinem Stuhl oder in Fluchtwegen ab. Du könntest bei Gefahr 15 darüber stolpern.
- Nichts essen oder trinken!

2 Warnung: Vorsicht: Nicht in den Strahl blicken!

Experimentieren • Beachte unbedingt:
- Lies dir vor dem Versuch die Arbeitsanweisungen genau durch.
20 • Halte Ordnung und entferne unnötige Dinge vom Arbeitsplatz.
- Trage eine Schutzbrille, wenn es gefordert wird. ➡ 1
- Binde lange Haare zurück.

25 • Lege Schals und lose Kleidung ab.
- Beginne erst dann zu experimentieren, wenn dich die Lehrkraft dazu auffordert.
- Experimentiere nie an Steckdosen 30 oder Gasanschlüssen.
- Sei vorsichtig beim Umgang mit heißen, hellen oder elektrischen Gegenständen.
- Schaue nie direkt in Laserlicht oder 35 LED-Lampen. ➡ 2
- Gehe sorgsam mit Versuchsgeräten um, damit sie nicht beschädigt werden.
- Melde es sofort deiner Lehrkraft, 40 wenn du einen Defekt an einem Gerät entdeckst, zum Beispiel ein beschädigtes Anschlusskabel.

Sicherheitseinrichtungen • Falls es trotz aller Vorsicht zu einem Unfall kommt, 45 musst du die Sicherheitseinrichtungen im Fachraum kennen. ➡ 3 – 8

Beachte im Notfall:
- Drücke den Not-Aus-Schalter.
- Hole Hilfe.
- Hilf anderen Personen.
- Verlasse schnellstmöglich den Raum über die Fluchtwege.

Aufgabe

1 Sicherheitseinrichtungen
a ☒ Nenne sie.
b ☒ Beschreibe, wann du sie nutzt.
c ☒ Beschreibe den Fluchtweg aus eurem Fachraum bis zum Sammelplatz der Schule.

Not-Aus-Schalter • Drücke im Notfall zuerst den Not-Aus-Schalter. Er sperrt sofort die Gaszufuhr. Außerdem wird der Strom im Fachraum ausgeschaltet.

3

Fluchtwege • Fluchtwege sind mit einem grünen Schild markiert. Präge dir die Fluchtwege gut ein, sodass du sie auch im Dunkeln finden kannst.

4

Notfalltelefon • Auf dem Notfalltelefon ist eine Telefonnummer notiert. Rufe sie vom Notfalltelefon aus an, wenn du oder andere Hilfe benötigen.
Hilfe findest du auch im nächsten Klassenzimmer oder im Sekretariat. Bleibe ruhig und gib genau Auskunft, was passiert ist.

5

Feuerlöscher, Löschdecke und Löschsand • Lass dir von deinem Lehrer oder deiner Lehrerin zeigen, wie man den Feuerlöscher bedient.
Lösche brennendes Benzin nur mit Löschsand. Auf keinen Fall darfst du Wasser verwenden! Wenn ein Mensch brennt, wirfst du am besten eine Löschdecke über ihn. Bringe dich nie selbst in Gefahr. Wenn du ein Feuer nicht selbst löschen kannst, musst du den Raum schnell über den Fluchtweg verlassen.

6

Erste-Hilfe-Kasten • Er enthält Pflaster für kleinere Verletzungen sowie Verbände und Wundauflagen für größere Verletzungen.

7

Augendusche • Wenn du ätzende Stoffe oder Flüssigkeiten ins Auge bekommen hast, kannst du oder ein Helfer sie mit der Augendusche wieder herausspülen.

8

Magnete im Alltag

Es ist sehr schwierig, eine Stecknadel im Heu zu finden. Aber es
gibt eine Hilfe ...

Der Kompass zeigt die Himmelsrichtungen an. Dabei spielen zwei
Magnete die Hauptrolle.

Gerade lässt der Magnet am Kran
eine Ladung Eisenschrott fallen.
Welche Magnete kann man
abschalten?

Magnete und ihre Eigenschaften

1 | Warum fallen die Buchstaben nicht vom Kühlschrank ab?

Materialien zur Erarbeitung: A–E

Magnete sorgen für Halt. Ziehen sie alle Gegenstände an?

Anziehung • Magnete gibt es in vielen Formen. → 2 Mit ihnen kann man
5 feststellen, ob ein Gegenstand Eisen enthält. → 3

> Magnete ziehen Gegenstände an, die Eisen (Nickel, Cobalt) enthalten.

Magnetpole • Wenn man einen Stab-
10 magneten in eine Schale mit Nägeln hält, bleiben an seinen Enden besonders viele Nägel hängen. → 4 Hier befinden sich die Pole des Magneten. Ein frei aufgehängter Stabmagnet
15 dreht sich in Nord-Süd-Richtung. → 5 Der Magnetpol, der nach Norden zeigt, wird als Nordpol bezeichnet.

> Die Anziehung eines Magneten ist an seinen Polen besonders groß. Jeder Magnet hat (mindestens) einen Nordpol und einen Südpol.

Stabmagnete
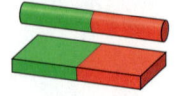

Bügelmagnet
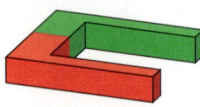

Hufeisenmagnet
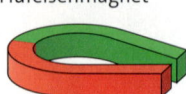

Scheibenmagnete

Kompassnadel
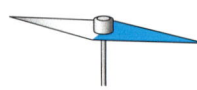

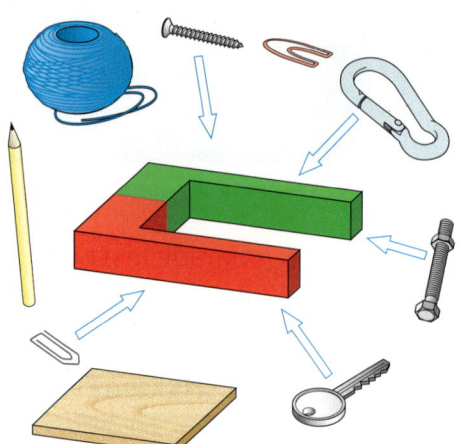

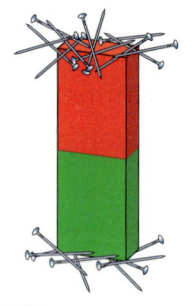

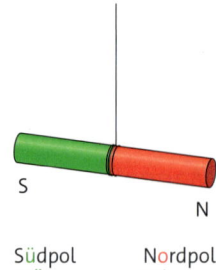

2 | Dauermagnete   3 | Der Magnet zieht Eisen an.   4 | Magnetpole   5 | Südpol/Nordpol

S   N

Südpol   Nordpol
grün   rot

Anziehen – Abstoßen • Ein Magnet und ein Gegenstand aus Eisen ziehen sich immer gegenseitig an. Zwei Magnete können sich ebenfalls anziehen – oder abstoßen. → 6 Es kommt darauf an, welche Magnetpole sich gegenüberstehen:

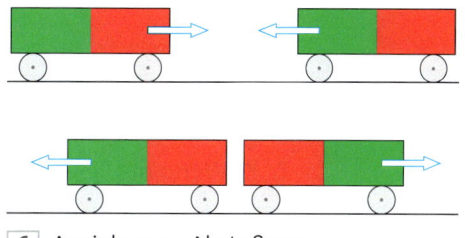

6 Anziehung – Abstoßung

> Ungleichnamige Pole zweier Magnete ziehen sich gegenseitig an. Gleichnamige Pole zweier Magnete stoßen sich gegenseitig ab.

Magnetfeld und Abschirmung • Ein Magnet zieht Gegenstände aus Eisen und andere Magnete an – ohne sie zu berühren. Seine Anziehung reicht weit.

> Als Magnetfeld bezeichnen wir den Bereich um einen Magneten, in dem er seine Wirkung zeigt.

Der Magnet wirkt durch einen Karton hindurch, nicht aber durch ein Eisenblech. → 7

Starke Magnete • Bringt man mehrere Magnete so zusammen, dass gleiche Pole in dieselbe Richtung zeigen, verstärkt sich die Wirkung. → 8

Aufgaben

1 ☑ Nenne Stoffe, die von Magneten angezogen werden.

2 ☑ Beschreibe, wie du herausfinden kannst, wo die Pole eines Magneten sind.

3 ☒ „Magnete ziehen sich immer gegenseitig an." Nimm Stellung zu dieser Aussage.

4 ☒ Bei welchem Versuch befindet sich die Büroklammer im Magnetfeld des Stabmagneten? → 7 Begründe deine Antwort.

5 ☒ Gestalte ein Plakat, auf dem alle Eigenschaften eines Stabmagneten zusammengefasst sind.

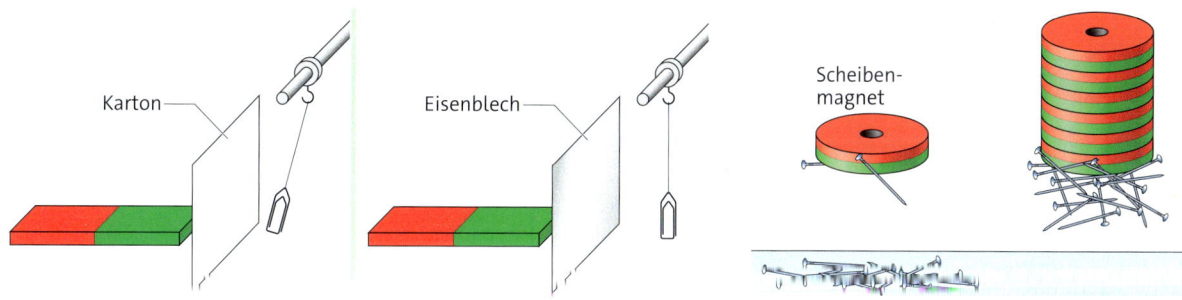

7 Das Eisenblech schirmt das Magnetfeld ab, der Karton nicht.

8 Starker Magnet aus vielen Magneten

Magnete und ihre Eigenschaften

Material A

Welche Gegenstände zieht ein Magnet an?

Materialliste: Magnet, verschiedene Gegenstände

1 Prüfe, welche Gegenstände ein Magnet anzieht.

a ▶ Trage deine Beobachtungen in eine Tabelle ein. ➜ 1

b ▶ Wenn die Gegenstände aus nur einem Stoff bestehen, gib ihn an.

c ▣ Schreibe eine Regel auf, welche Stoffe von Magneten angezogen werden.

Gegenstand	Vom Magneten angezogen	Stoff
Ohrring	nein	Silber
Schere	ja	?
Nagel	ja	?
...	...	...

1 Beispieltabelle

Material B

Wo ist die Anziehung am stärksten?

Materialliste: Stabmagnet, Nagel aus Eisen, Nähgarn

1 Der Nagel soll die Mitte des Magneten treffen. ➜ 2

a ▶ Beschreibe deine Beobachtungen.

b ▣ Die Stellen des Magneten mit der stärksten Anziehung heißen Pole.
Notiere, wie viele Pole der Stabmagnet hat und wo sie liegen.

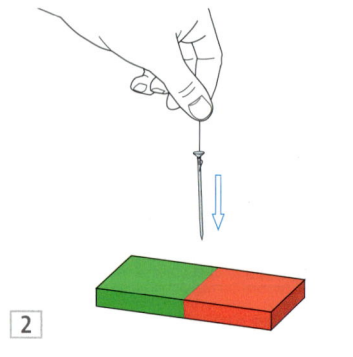

2

Material C

Ziehen sich zwei Magnete immer an?

Materialliste: 2 Stabmagnete, 4 Rollen (nicht aus Eisen)

1 Ein Stabmagnet hat zwei Pole. Der eine Pol ist oft rot gefärbt, der andere grün.

a ▶ Lege die Magnete im Abstand von etwa 5 cm auf Rollen. ➜ 3 Nähere sie einander. Notiere deine Beobachtungen.

b ▣ Stelle eine Regel auf: Gleiche Pole ◇, ungleiche Pole ◇.

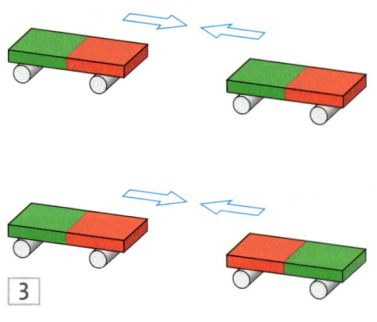

3

Material D

Magnet „abschirmen"

Materialliste: Stabmagnet, Büroklammer aus Eisen, Nähgarn, Karton, Holzplatte, Glasplatte, Alublech, Eisenblech, Kupferblech, Stativmaterial

1 Schiebe die Platten und Bleche einzeln und nacheinander zwischen den Magneten und die Büroklammer. ➜ 4
▶ Notiere deine Beobachtungen in einer Tabelle.

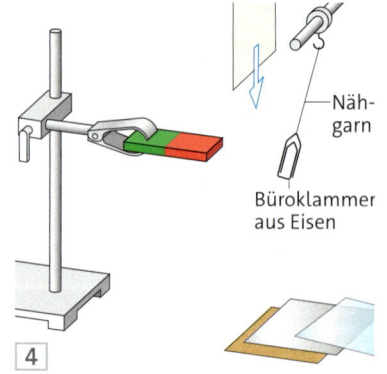

Nähgarn

Büroklammer aus Eisen

4

Material E

Mehrere Magnete

Materialliste: viele Scheibenmagnete, 2 Stabmagnete,
1-Cent-Münzen, Stativmaterial

1 ⊠ Jeder Scheibenmagnet
hat zwei Pole.
a Finde heraus, wo die Pole
des Scheibenmagneten
sind.
b Lege mehrere Scheiben-
magnete so aufeinander,
dass sie zusammen beson-
ders stark wirken.
Beschreibe, wie es dir
gelingt.

2 Hänge so viele Münzen
untereinander an den Pol
eines Stabmagneten, wie
der Magnet gerade noch
halten kann. → 5
Nähere dann einen zweiten
Stabmagneten – mal mit
dem gleichen Pol, mal mit
dem anderen.
a ⊠ Notiere deine Beobachtungen.
b ⊠ Stelle eine Regel auf.

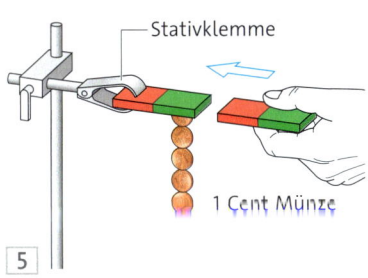

5

Material F

Magnete im Einsatz

1 ⊠ Übertrage die Zeichnungen in dein Heft. → 6 7
Ergänze die richtigen Pole.

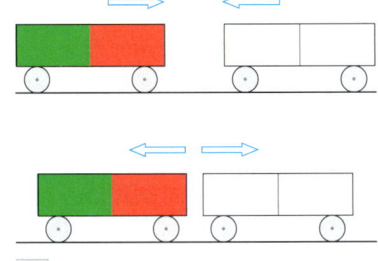

6

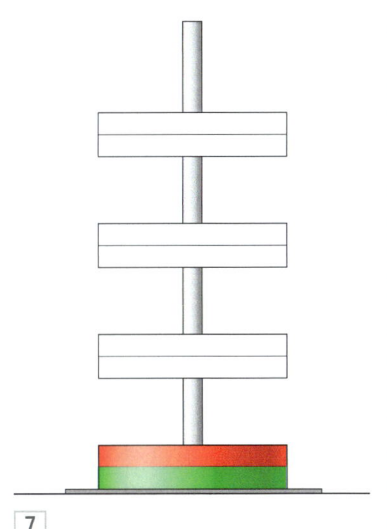

7

2 ⊠ Der gelbe „Käfer" gleitet
über die Pappe – wie von
Geisterhand bewegt. → 8
a Erkläre das Kunststück.
b Denke dir ein eigenes Kunststück aus und führe es vor.

8

3 Die Einzelteile eines
Fahrrads bestehen aus
verschiedenen Stoffen.
a ⊠ Beschreibe, wie du die
Teile herausfinden kannst,
die Eisen enthalten.
b ⊠ Untersuche dein Fahrrad
und notiere die Ergebnisse
in einer Tabelle. → 9

Gegenstand	Stoff
Lenker	Eisen
Rahmen	?
Sattel	?
Sattelstütze	?
Schutzblech	?
Felge	?
Speiche	?
Kette	?
…	…

9 Beispieltabelle

Magnete und ihre Eigenschaften

Einen Versuch durchführen und protokollieren

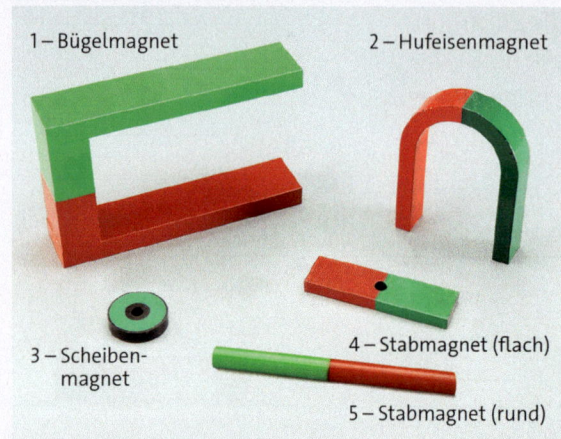

1 – Bügelmagnet
2 – Hufeisenmagnet
3 – Scheibenmagnet
4 – Stabmagnet (flach)
5 – Stabmagnet (rund)

1 Welcher Magnet ist der stärkste?

Versuche geben Antworten • Jeder Magnet zieht Gegenstände aus Eisen an. Manche Magnete sind so stark, dass man den Eisengegenstand nur noch schwer wieder abziehen kann. Andere Magnete sind dagegen sehr schwach.
Wenn ihr mehrere Magnete vergleichen möchtet, wäre eine mögliche Fragestellung: Welcher Magnet ist der stärkste? → 1
Am Anfang eines jeden Versuchs steht solch eine Frage. Sicher habt ihr Vermutungen, wie die Antwort lauten könnte. Ihr könnt sie durch Messungen überprüfen.

Versuchsprotokoll • Das Protokoll hilft euch, über den Versuch zu sprechen. Ihr könnt so eure Ergebnisse mit denen eurer Mitschülerinnen und Mitschüler vergleichen und Gesetze der Natur erkennen.
Legt das Protokoll vor dem Versuch an. Notiert und zeichnet darin, was zu jedem einzelnen Schritt des Versuchs gehört.

1. Frage stellen Formuliert, was ihr herausfinden wollt. Schreibt es in euer Protokoll. → 2

2. Vermutungen Sprecht in der Gruppe über eure Vermutungen und notiert sie.

3. Planung Überlegt, mit welcher Versuchsidee ihr die Versuchsfrage beantworten wollt. Legt eine Materialliste an. Skizziert den Versuchsaufbau mit allen Geräten. → 2

4. Durchführung Führt den Versuch nach eurer Planung durch.
Beschreibt im Protokoll, was ihr gemacht habt. Auch die Reihenfolge ist wichtig, damit der Versuch in gleicher Weise wiederholt werden kann.

5. Beobachtung Haltet genau fest, was ihr gesehen, gehört, gerochen, gefühlt oder gemessen habt. Manchmal müsst ihr einen Versuch wiederholen. Stellt eure Ergebnisse übersichtlich dar, zum Beispiel in einer Tabelle. → 2

6. Auswertung Fasst eure Beobachtungen kurz zusammen. Denkt an eure Frage vom Anfang und beantwortet sie zum Schluss.
Überprüft eure Vermutungen.

Aufgaben

1 ⊠ „Protokolle sollen immer den gleichen Aufbau haben." Begründe die Aussage.

2 ⊠ Beschreibe den Unterschied der Protokollpunkte „Durchführung" und „Beobachtung".

Versuchsprotokoll

Namen: Anton, Daniela, Kubilay   Datum: 14.9.20..

Frage:
Welcher Magnet ist der stärkste?

Vermutungen:
Anton meint, der Bügelmagnet (Nr. 1) ist am stärksten. Daniela vermutet, der flache Stabmagnet (Nr. 4) ist der stärkste. Kubilay meint, dass der Hufeisenmagnet (Nr. 2) der stärkste ist.

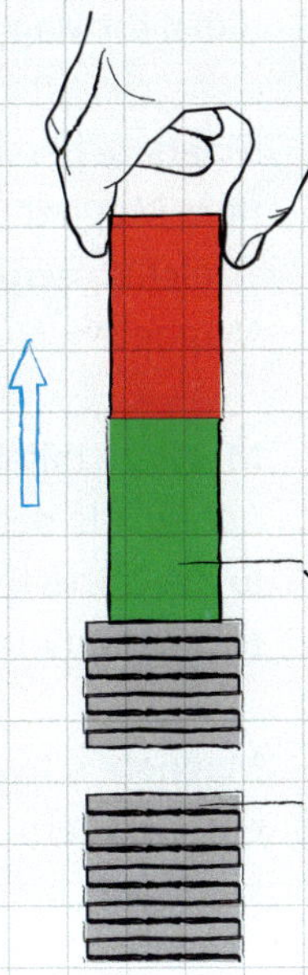

Versuchsidee:
Wir messen die Stärke des Magneten, indem wir Eisenscheiben mit dem Magneten hochheben. Am stärksten ist der Magnet, der die meisten Scheiben heben kann.

Materialliste:
verschiedene Magnete mit Nummern, Unterlegscheiben aus Eisen

Durchführung:
Wir haben die Unterlegscheiben zu einem Turm gestapelt. Dann haben wir einen Magneten an die Oberseite des Turms gehalten und ihn langsam hochgezogen. Dann haben wir gezählt, wie viele Scheiben mit dem Magneten hochgehoben wurden.

Versuchsskizze:

Stabmagnet

Unterlegscheiben

Beobachtung:

Magnet Nr.	1	2	3	4	5
Anzahl der angehobenen Scheiben	12	10	4	8	7

Auswertung:
Die meisten Scheiben konnte der Bügelmagnet (Nr. 1) heben. Dieser Magnet ist der stärkste. Antons Vermutung stimmte.

| 2 | Beispiel für ein Versuchsprotokoll

Magnete – ganz elementar

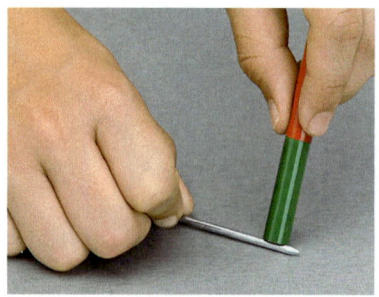

1 Der Nagel wird magnetisiert.

2 Der Magnet wird geteilt.

3 Der Magnet wird geschwächt.

Material zur Erarbeitung: A

Dauermagnete kann man herstellen, teilen und schwächen. Was geschieht dabei im Magneten?

Magnete herstellen • Wenn du mit ei-
5 nem Magneten über einen Eisennagel streichst, wird der Nagel selbst zum Magneten. Er wird magnetisiert. → 1

Magnete teilen • Wenn du einen Magneten, z. B. den magnetisierten Nagel,
10 in der Mitte teilst, erhältst du zwei neue Magnete – mit zwei Polen. → 2

Magnete schwächen • Die Wirkung eines Dauermagneten lässt sich durch kräftige Schläge schwächen. → 3

15 **Elementarmagnete** • Wie lässt sich das Herstellen, Teilen und Schwächen von Magneten erklären? In der Physik gibt es dazu eine Vorstellung vom inneren Aufbau der Magnete: → 4

Wir stellen uns vor, dass jeder Magnet aus ganz vielen „Minimagneten" (Elementarmagneten) besteht. Im Magneten sind alle Elementarmagnete in derselben Richtung ausgerichtet und verstärken sich in ihrer Wirkung.

Streicht man mit einem Magneten über ein unmagnetisches Eisenstück, werden die Elementarmagnete darin
30 alle in derselben Richtung ausgerichtet. Heftige Schläge bringen diese Ausrichtung durcheinander, sodass sich die Elementarmagnete nun in ihrer Wirkung gegenseitig abschwächen. → 5

Aufgaben

1 ☒ Ein unmagnetisierter Nagel und ein magnetisierter Nagel sehen von außen gleich aus. Beschreibe, wie sich ihr Aufbau in unserer Vorstellung unterscheidet.

2 ☒ Erkläre, wieso beim Teilen des magnetisierten Nagels zwei Magnete mit Nord- und Südpol entstehen. Fertige eine Skizze dazu an.

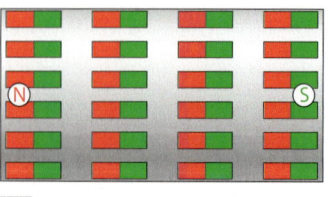

4 Aufbau eines Magneten

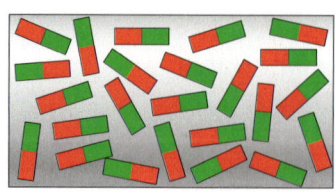

5 Unmagnetisiertes Eisen

Material A

Einen Magneten herstellen, teilen und schwächen

Materialliste: Stabmagnet (möglichst stark), gerader Eisendraht (20 cm), Kompassnadel, Kneifzange, Hammer, Büroklammern aus Eisen

1 ☑ So wird der Draht zum Magneten: Bestreiche ihn von einem Ende zum anderen mit dem Stabmagneten. ➔ 1
Stelle nun mit der Kompassnadel fest, an welchem Ende des Drahts der magnetische Nordpol liegt und an welchem der Südpol.

2 ☑ Teile den magnetisierten Draht mit einer Kneifzange in zwei gleiche Teile. ➔ 2
Prüfe, ob die Drahtteile noch immer magnetisiert sind. Teile ein Drahtteil noch einmal. Prüfe wieder.

3 ☑ Nimm ein kurzes magnetisiertes Drahtteil. Prüfe seine magnetische Wirkung: Wie viele Büroklammern hält es? Lege das Drahtteil dann auf eine unempfindliche, harte Unterlage und schlage mit dem Hammer darauf. ➔ 3
Prüfe wieder die magnetische Wirkung des Drahtteils.

Material B

Geteilter Magnet

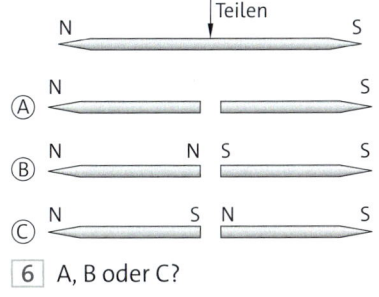

6 A, B oder C?

1 Eine Stricknadel aus Eisen ist magnetisiert. ➔ 6 Jetzt wird sie in der Mitte geteilt.
a ☑ Gib an, wo die Pole der Nadelhälften richtig dargestellt sind: bei A, B oder C.
b ☒ Begründe deine Angabe. Verwende dazu die Vorstellung von den Elementarmagneten.

Material C

Elementarmagnete

1 ☑ Jeder aus der Klasse spielt einen Elementarmagneten. Dafür kommt auf die eine Handfläche ein N für Nordpol, auf die andere Handfläche ein S für Südpol. ➔ 7
a Bewegt euch mit ausgebreiteten Armen frei im Klassenraum. Auf ein Signal hin haltet ihr an. Stellt eure Klasse jetzt einen Magneten dar? Begründet eure Antwort.
b Bildet jetzt einen großen Magneten. Beschreibt, wie ihr vorgeht.
c Teilt den großen Magneten in der Mitte.
d Schwächt den Magneten.

7 „Elementarmagnete"

Orientieren mit dem Kompass

1 | Kayakfahrt auf dem Meer – der Kompass zeigt die Richtung.

Material zur
Erarbeitung: A

Lange Zeit dachte man, dass sich Kompassnadeln zum Polarstern ausrichten.

Die Erde – ein Magnet • Wir können uns die Erde stark vereinfacht wie einen rie-
5 sigen Stabmagneten mit zwei Magnetpolen vorstellen. ➔ 2 Der magnetische Südpol der Erde liegt derzeit in Kanada, der magnetische Nordpol in der Antarktis. Die Erde ist von einem
10 Magnetfeld umgeben.

Kompass • Eine Kompassnadel ist ein kleiner Magnet. Sie richtet sich nach den Magnetpolen des großen „Erdmagneten" aus. Die Kompassnadel hat
15 am Nordpol eine eingefärbte Spitze.
➔ 3 Wenn der Kompass so gedreht wird, dass das N unter dieser Spitze liegt, dann kann man die Himmelsrichtungen ablesen. Die Magnetpole
20 der Erde liegen Hunderte Kilometer von den geografischen Polen entfernt. Deshalb weist die Kompassnadel nicht genau nach Norden. Die Abweichung beträgt bei uns aber nur 1 bis 3 Grad.

3 | Einfacher Wanderkompass

> Die Erde wirkt wie ein riesiger Magnet mit einem magnetischen Nordpol und einem magnetischen Südpol.

geografischer Nordpol
magnetischer Südpol

magnetischer Nordpol
geografischer Südpol

2 | Verschiedene Pole der Erde

Aufgaben

1 ☑ Gib an, in welcher Himmelsrichtung der magnetische Nordpol der Erde liegt.

2 ☒ Erkläre, wie ein Kompass funktioniert.

Material A

Einfacher Kompass

Materialliste: Stabmagnet, Papierstreifen, Pappringe, Klebstoff, Faden

1 Hänge den Stabmagneten in einem Papierstreifen an einem Faden auf. → 4 Achte darauf, dass der Magnet weit weg von Metallteilen schwebt.

a ☒ Lass den Magneten auspendeln, bis er zur Ruhe kommt. Notiere die Richtung, in die der Nordpol nun zeigt.

b ☒ Wiederhole den Versuch an verschiedenen Stellen des Raums oder auf dem Schulhof. Notiere immer die Richtung, in die die Magnetpole zeigen. Beschreibe, was dir auffällt.

c ☒ Versuche, deine Beobachtung erklären.

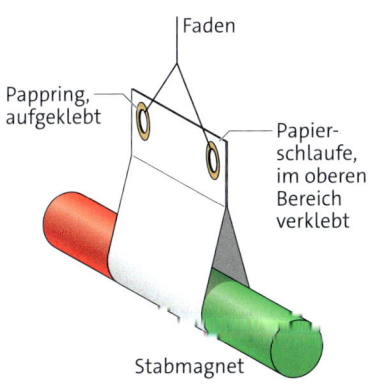

4 Einfacher Kompass

Material B

Schwimmender Kompass

Materialliste: Flaschendeckel aus Kunststoff, Stecknadel aus Eisen (oder Stahl), Magnet, Zeichenkarton, Flüssigkleber, Untertasse, Wasser

1 Baue einen Kompass. Es geht ganz einfach. → 5

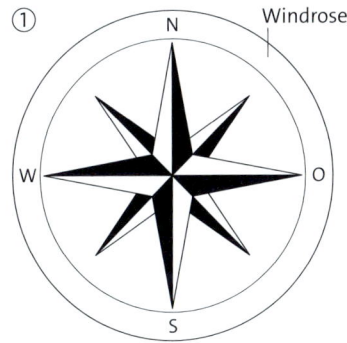

① Übertrage die Windrose auf den Zeichenkarton. Schneide sie rund aus.

② Bestreiche den ganzen Rand des Deckels mit etwas Flüssigkleber (Sicherheitshinweise beachten).

③ Drücke die Windrose vorsichtig auf den Rand des Deckels. Lege sie umgekehrt auf den Tisch. Drücke nun den Deckel fest auf den Zeichenkarton. Lass den Kleber trocknen.

④ Streiche mit dem Südpol des Magneten 40-mal über die Stecknadel – immer zur Nadelspitze hin. Nun ist die Nadel selbst ein Magnet, die Spitze ist der Nordpol. Lege den anderen Magneten danach weit weg.

⑤ Ein kleiner Tropfen Flüssigkleber kommt auf die Mitte der Windrose. Lege die Kompassnadel so in den Klebetropfen, dass die Nadelspitze zum N zeigt. Lass alles ein paar Minuten antrocknen.

5 So baust du deinen Kompass.

2 Nutze den Kompass:

a Fülle etwas Wasser in die Untertasse. Setze den Kompass in die Mitte. Er dreht sich langsam und zeigt an, wo Norden ist.

b ☒ „Die Sonne geht im ◈ auf, im ◈ geht sie unter." Bestimme die Himmelsrichtungen mit deinem Kompass.

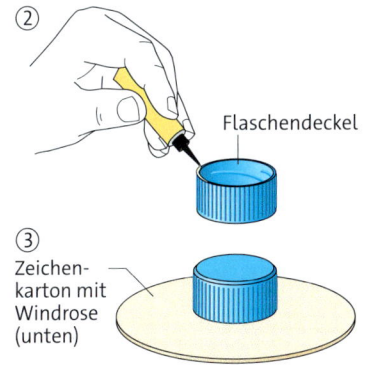

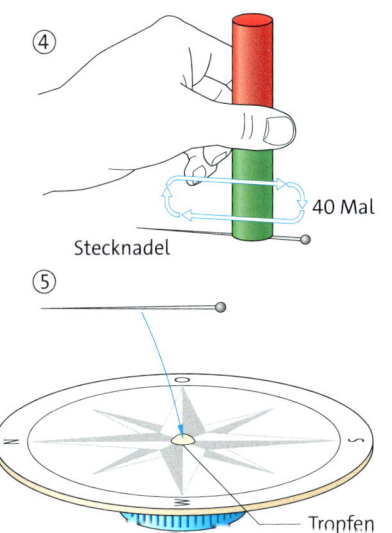

Orientieren mit dem Kompass

Kompass – früher und heute

Erste Kompasse • Wahrscheinlich benutzten Chinesen schon vor über 2000 Jahren Magnete zur Richtungsanzeige. Den ersten richtigen Kompass erfanden sie vor über 1000 Jahren.
5 In einem Buch aus dem Jahr 1085 heißt es: „Wenn Zauberer die nördliche Richtung suchen, greifen sie zu einer Nadel, reiben sie an einem Magnetstein und hängen sie an einem Faden auf. Dann zeigt die Nadel nach Norden."
10 → 1

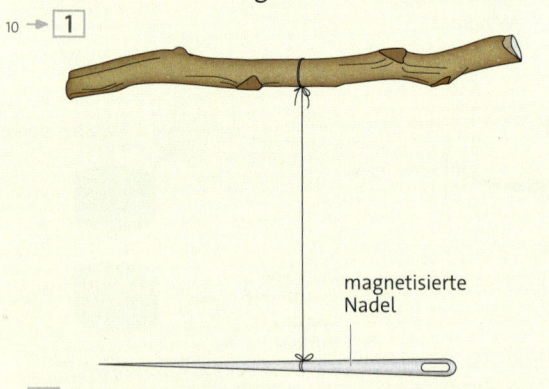

magnetisierte Nadel

1 Einfacher Kompass

2 Smartphone mit Kompass-App

In einem Bericht aus Frankreich aus dem Jahr 1250 ist zu lesen: „Die Matrosen legen eine magnetisierte Nadel auf zwei Strohhalme, die im Wasser schwimmen. Die Nadel wendet sich
15 in Nord-Süd-Richtung. Die Nadel dreht sich zum Polarstern und hilft so den Seeleuten." Dieser Kompass funktionierte wie dein selbst gebauter schwimmender Kompass.
Der Seefahrer Kolumbus glaubte noch im Jahr
20 1495, dass die Kompassnadel vom Polarstern am Nordhimmel angezogen würde.

Elektronischer Kompass • Viele Smartphones haben einen Kompass ohne Magnetnadel. Ein „Magnetometer" misst das Magnetfeld der
25 Erde am Ort des Handys. Die Messwerte werden verarbeitet und auf dem Display als drehbare Kompassnadel angezeigt. → 2

Aufgaben

1 ☒ Gib an, wo und wann der erste richtige Kompass benutzt wurde. Nenne den „Denkfehler" der französischen Matrosen.

2 ☒ Bestimme zum Beispiel mit einem elektronischen Kompass die Himmelsrichtung, in der ein Baum oder ein Haus liegt, die du vom Fenster aus siehst.

3 ☒ Paul hat seinen Nachhauseweg mithilfe des Kompasses in seinem Smartphone aufgezeichnet: 150 m nach NO, 50 m nach NW, 100 m nach S. Zeichne deinen Heimweg auf die gleiche Weise auf.

Tiere mit „eingebautem" Kompass

Brieftauben • Die Vögel werden oft Hunderte von Kilometern weit verschickt. ⟶ 3 Meist finden die Tauben ohne große Mühe zum heimatlichen Nistplatz, ihrem Schlag, zurück.
5 Dabei hilft ihnen auch ihr Magnetsinn, der das Magnetfeld der Erde zur Orientierung nutzt.

Meeresschildkröten • Die Loggerhead-Schildkröten robben vom warmen Strand ins Wasser, nachdem sie in Florida geschlüpft sind. Dann
10 schwimmen sie mit dem Golfstrom einmal quer durch den Atlantik. Vor Afrika biegen sie nach Süden ab und verbringen dort viele Jahre in nahrungsreichen Gewässern. Die erwachsenen Schildkröten schwimmen Tausende Kilo-
15 meter zurück nach Florida. ⟶ 4 Sie legen ihre Eier dort ab, wo sie selbst geschlüpft sind. Biologen vermuten, dass die Schildkröten bei ihrem Weg zurück wie die Brieftauben von einem Magnetsinn geleitet werden.

20 **Magnetsinn** • Auch bei Aalen, Forellen, Zugvögeln und sogar bei Hunden wurde ein Magnetsinn wissenschaftlich festgestellt. Wie er jeweils funktioniert, ist nicht sicher geklärt. Bei Tauben hat man magnetische Kristalle im
25 Schnabel gefunden, die vielleicht die Orientierung im Erdmagnetfeld ermöglichen. Man vermutet bei ihnen und den meisten Vögeln auch einen Magnetsinn in Auge und Ohr.

Aufgaben

1 ✎ Nenne verschiedene Tiere mit einem Magnetsinn.

2 ✎ Beschreibe, wo man den Magnetsinn der Brieftauben vermutet.

3 ✎ Erstelle ein Lernplakat zum Thema „Wie finden Tiere ihren Weg?".

3 Start von 140 Brieftauben

4 Meeresschildkrote vor Florida

Elektromagnete

1 Eine tonnenschwere Rolle aus Stahl wird transportiert.

Materialien zur Erarbeitung: A, B

Die Stahlrolle hängt an einem starken Magneten. Zum Ablegen wird der Magnet einfach ausgeschaltet!

Elektromagnete • Der Magnet am Kran
5 besteht aus einem aufgewickelten Draht und einem „Kern" aus Eisen.
→ 2 Der aufgewickelte Draht wird Spule genannt. Wenn ein elektrischer Strom durch die Spule fließt, wirkt
10 sie wie ein Magnet. Der Eisenkern verstärkt die Wirkung.
Der Elektromagnet hat einen Nordpol und einen Südpol. → 3 Die Pole werden vertauscht, wenn man die
15 Anschlüsse an der Batterie tauscht. Je mehr Windungen die Spule hat, desto stärker ist der Elektromagnet. Ohne Strom verliert der Elektromagnet seine Wirkung. → 4

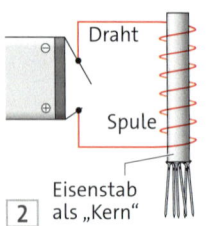

Draht

Spule

Eisenstab
2 als „Kern"

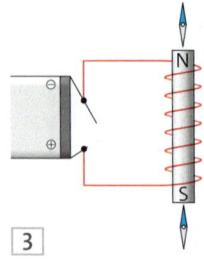

3

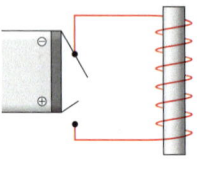

4

> **Elektromagnete bestehen aus einer Spule mit Eisenkern. Sie wirken wie Dauermagnete, wenn der Strom eingeschaltet ist. Ihre Magnetpole können vertauscht werden.**

25 **Draht und Magnetfeld** • Eine stromdurchflossene Spule ist also ein Magnet. Wie ist das möglich?
Vor rund 200 Jahren machte der dänische Forscher Hans Christian Oersted
30 eine wichtige Entdeckung. Er hielt einen Draht über eine Kompassnadel.
→ 7 Wenn er elektrischen Strom durch den Draht schickte, wurde die Nadel abgelenkt. Der Draht war also
35 von einem Magnetfeld umgeben. Biegt man den Draht zu einem offenen Ring, so wirkt er wie ein schwacher Scheibenmagnet. → 5 Eine Spule wirkt wie ein stärkerer Magnet aus
40 vielen Scheibenmagneten.

> **Jeder Draht, durch den elektrischer Strom fließt, ist von einem Magnetfeld umgeben.**

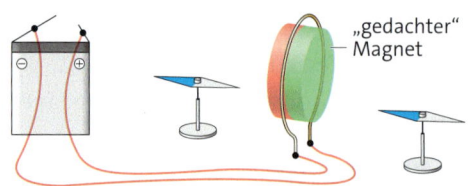

„gedachter"
Magnet

5 Der Drahtring wirkt wie ein Magnet.

Aufgaben

1 ☑ Nenne die Bauteile, aus denen ein Elektromagnet besteht.

2 ☑ Nenne die Aufgabe des Eisenkerns im Elektromagneten.

3 ☒ „Der Elektromagnet ist magnetisch, weil er einen Eisenkern hat." Nimm Stellung dazu.

Material A

Elektromagnet – selbst bauen und untersuchen

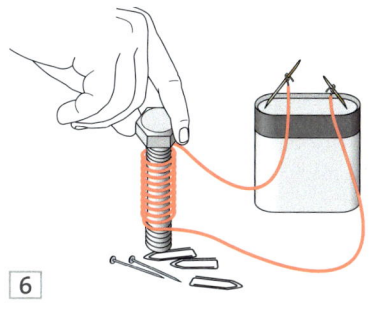

6

Materialliste: lackierter Kupferdraht (1 m lang, 0,2 mm dick), Eisenschraube, Batterie (4,5 V), Nägel oder Büroklammern aus Eisen, Kompassnadel, dünner Klebestreifen, Schleifpapier

1 Umwickle das Gewinde der Schraube erst mit einer Lage Klebestreifen und dann mit dem Draht (immer in glei-

cher Richtung wickeln). → 6
Schleife den Lack von den Drahtenden ab. Schließe den Draht kurz an die Batterie an:

a ☑ Prüfe, ob du einen Magneten hergestellt hast.
b ☒ Prüfe, ob der Magnet zwei Pole hat.
c ☑ Tausche die Drahtenden an der Batterie. Wiederhole die Versuche.

Material B

Magnetisches Kabel?

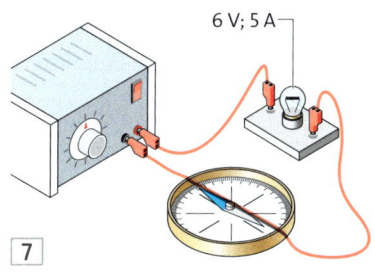

6 V; 5 A

7

Materialliste: Kompass, 2 lange Kabel, Glühlampe (6 V; 5 A), Fassung, Netzgerät (6 V)

1 ☑ Lege ein Kabel genau über die Kompassnadel. → 7
a Schalte das Netzteil ein. Beobachte die Kompassnadel. Zeichne rasch auf, wie sie

sich ausrichtet. Schalte das Netzteil dann wieder aus.
b Vertausche die Anschlüsse am Netzteil. Schalte es wieder ein. Vergleiche mit Teil a.

Achtung • Netzgerät nicht lange einschalten, Kabel können heiß werden!

Material C

Dauermagnet und Elektromagnet im Vergleich

1 Hier sind die Eigenschaften von Dauer- und Elektromagneten durcheinandergeraten. → 8
☑ Ordne die Eigenschaften dem Dauer- und dem Elektromagneten in einer Tabelle zu.

• Der Magnet lässt sich ausschalten.
• Der Magnet und Gegenstände aus Eisen ziehen sich an.
• Der Magnet hat einen Nordpol und einen Südpol.
• Der Magnet besteht aus zwei Bauteilen.
• Der Magnet lässt sich nicht ausschalten.
• Der Magnet hat ein Magnetfeld.
• Der Magnet besteht aus einem Teil.
• Die Pole des Magneten lassen sich vertauschen.

8

Magnete im Alltag

Zusammenfassung

Magnete und ihre Eigenschaften • Ein Magnet und Gegenstände aus Eisen (Nickel, Cobalt) ziehen sich gegenseitig an. Diese Anziehung ist an den Magnetpolen am stärksten. → 1
Jeder Magnet hat (mindestens) einen Nordpol und einen Südpol.

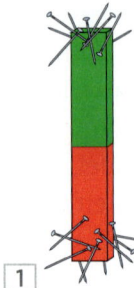

1

Gleichnamige Pole zweier Magnete stoßen sich gegenseitig ab, ungleichnamige Magnetpole ziehen sich gegenseitig an. → 2 3

Magnetfeld • Als Magnetfeld bezeichnen wir den Bereich um einen Magneten herum, in dem seine magnetische Wirkung auf andere Gegenstände nachweisbar ist.

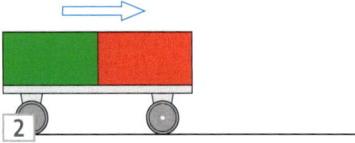

2

3

Magnete – ganz elementar • Wir stellen uns vor, dass Magnete aus vielen kleinen Elementarmagneten bestehen. Diese sind alle gleich ausgerichtet und verstärken sich gegenseitig in ihrer Wirkung. → 4

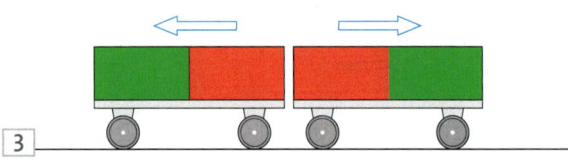

4 Stabmagnet mit gleich ausgerichteten Elementarmagneten (Vorstellung)

Orientieren mit dem Kompass • Die Erde hat einen magnetischen Nordpol und einen magnetischen Südpol. → 5 Eine Kompassnadel richtet sich in Richtung dieser Magnetpole aus.

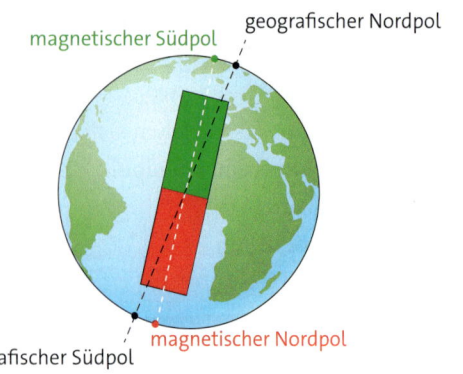

5 Die Erde hat magnetische Pole.

Elektromagnete • Eine Spule wirkt wie ein Magnet, wenn ein elektrischer Strom durch sie fließt. → 6 Die magnetische Wirkung wird durch einen Eisenkern in der Spule verstärkt.
Man kann den Elektromagneten umpolen. Wenn kein Strom mehr fließt, verliert der Elektromagnet seine magnetische Wirkung.

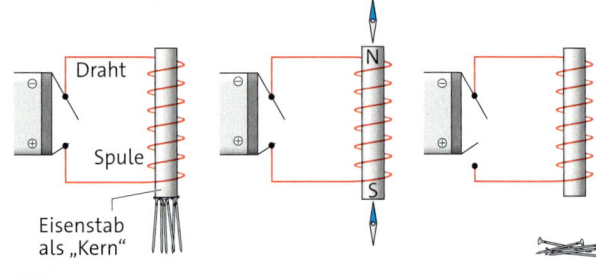

6 Einfacher Elektromagnet aus Spule und Eisenkern

Magnete und ihre Eigenschaften

1 Anziehung – Abstoßung
a ☒ Nenne Stoffe, die von Magneten angezogen werden.
b ☒ Nenne die Stellen des Magneten, wo seine Anziehung am stärksten ist.
c ☒ Zwei Magnete ziehen sich gegenseitig nicht immer an. Erkläre die Beobachtung.

2 ☒ Wo liegt bei diesem Magneten der Nordpol und wo der Südpol? → 7 Beschreibe und erkläre, wie du es mithilfe einer Kompassnadel herausfindest.

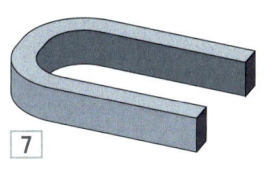 7

3 ☒ Ergänze den Satz richtig. Der Scheibenmagnet hat: → 8 8
a keine Magnetpole, weil er rund ist
b nur einen Magnetpol unten
c (mindestens) einen Nordpol und einen Südpol

4 Ein Nagel aus Eisen soll mit einem Stabmagneten magnetisiert werden.
a ☒ Beschreibe, wie du vorgehst.
b ☒ Erkläre, weshalb der Nagel zum Magneten wird. Fertige dazu zwei Skizzen an.

5 Magnete können geschwächt werden.
a ☒ Beschreibe, wie du vorgehen könntest, um das zu erreichen.
b ☒ Erkläre mit einer Modellvorstellung, was dabei im Inneren des Magneten geschieht.

Orientieren mit dem Kompass

6 ☒ Die blaue Spitze einer Kompassnadel ist selbst ein magnetischer Nordpol. Gib an, von welchem Magnetpol der Erde sie angezogen wird und wo dieser Magnetpol liegt.

7 ☒ Wo ist Norden?
a Skizziere, wie du mit den drei Teilen eine Antwort findest. → 9
b Beschreibe mithilfe der Skizze, wie du die Himmelsrichtungen bestimmst.

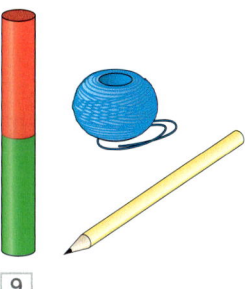
9

Elektromagnete

8 Elektromagnet und Stabmagnet
a ☒ Nenne die wesentlichen Bestandteile eines Elektromagneten.
b ☒ Beschreibe, wie die Spule zum Elektromagneten wird. → 10
c ☒ Vergleiche die Eigenschaften von Elektromagnet und Stabmagnet.

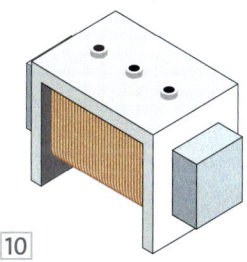
10

9 Die Spulen vieler Elektromagnete haben einen Eisenkern.
a ☒ „Eine Spule ohne Eisenkern ist nicht magnetisch." Bewerte diese Aussage.
b ☒ Beschreibe die Aufgabe des Eisenkerns.

10 ☒ „Stahlcontainer könnte man doch viel einfacher mit Dauermagneten anheben als mit Elektromagneten." Nimm Stellung dazu.

Licht und Schatten

Die Sonne zaubert morgens eine „Lichtshow" in die Welt – etwas neblig muss es aber sein.

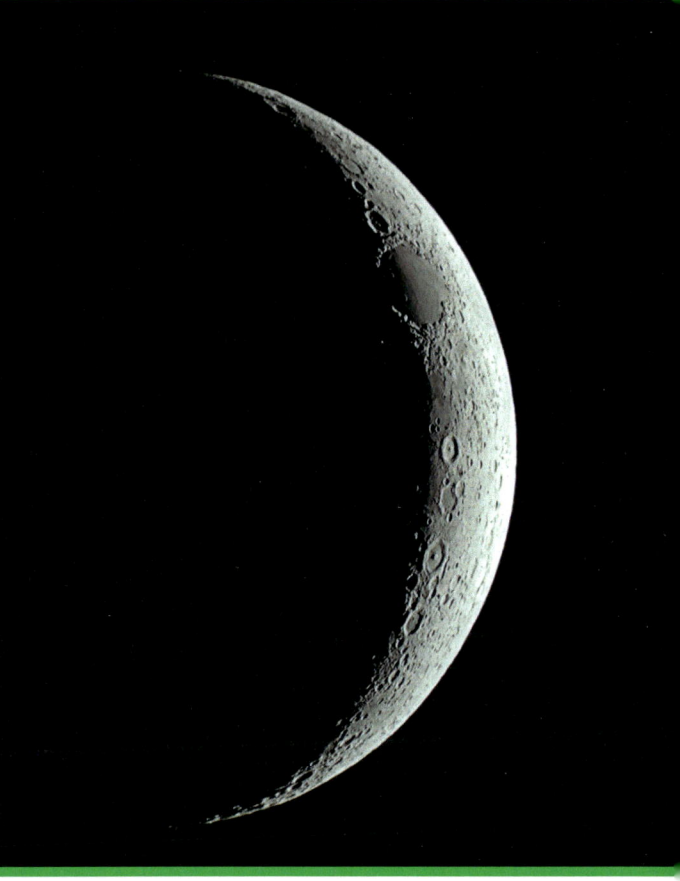

Sind Schatten immer schwarz?
Wie entsteht eigentlich ein
Schatten?

Warum sieht der Mond jede Nacht
anders aus? Was passiert bei einer
Sonnen- oder Mondfinsternis?

Sehen und gesehen werden

1 Forschen im Untergrund

Materialien zur
Erarbeitung: A–C

**Das Erforschen von Höhlen und Berg-
werken ist spannend und gefährlich.
Man braucht dafür helle Lampen.**

Licht aussenden und empfangen • Licht
⁵ ist nie von alleine da. Es kommt immer
von einer Quelle: von einer Kerze, einer
Lampe, der Sonne, den Sternen ... Diese
Lichtquellen erzeugen Licht. →**2**
Licht wird ohne einen Stoff übertragen.
¹⁰ Eine Kamera braucht Licht. Auch Solarzellen, grüne Blätter von Bäumen und
unsere Augen nehmen Licht auf. Sie
alle sind Lichtempfänger.

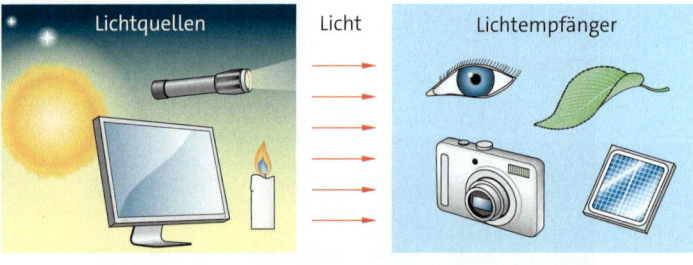

2 Lichtquellen und Lichtempfänger

> Lichtquellen senden Licht aus.
> Lichtempfänger fangen Licht auf.

Lichtquellen sehen • Du siehst die
Flamme, wenn ihr Licht in deine Augen
gelangt. →**3** Die Flamme sendet
Licht aus, die Augen empfangen es.
²⁰ „Ich blicke zur Flamme" bedeutet:
Meine Augen sind so gerichtet, dass
Licht von der Flamme hineingelangt.
Die Augen selbst senden kein Licht zur
Flamme hin aus.

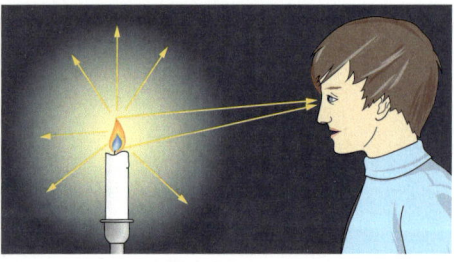

3 Die Lichtquelle Kerzenflamme sehen

> Augen sind Lichtempfänger.
> Wir sehen Lichtquellen nur dann,
> wenn ihr Licht in unsere Augen
> gelangt.

Licht trifft auf Gegenstände • Leuchte
im dunklen Raum mit der Taschen-
lampe auf eine weiße Wand. Dann
wird nicht nur die angestrahlte Stelle
hell, sondern auch Dinge in der Nähe.
Die helle Stelle verteilt Licht in alle
Richtungen: Sie streut das Licht. → 4
Wenn weißes Licht auf rote Gegen-
stände trifft, ist das Streulicht rot. → 5
Schwarze Gegenstände nehmen das
Licht auf. Sie absorbieren Licht. → 6
Spiegel lenken Licht in eine bestimmte
Richtung. Sie reflektieren Licht. → 7
Glas lässt einen großen Teil des Lichts
ungehindert durch. → 8

> Wenn Licht auf einen Gegenstand
> trifft, kann es gestreut, absorbiert,
> reflektiert oder durchgelassen
> werden.

Beleuchtete Gegenstände sehen • Das
Buch ist keine Lichtquelle. Du siehst
es trotzdem. Das Licht von der Sonne
oder einer Lampe beleuchtet das Buch.
Das Buch streut das Licht. Ein Teil des
Streulichts fällt in deine Augen. → 9

> Wir sehen beleuchtete Gegenstän-
> de, wenn das gestreute oder reflek-
> tierte Licht in unsere Augen fällt.

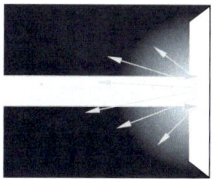

4 Streuung

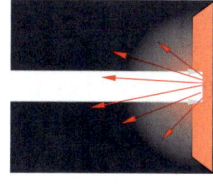

5 Streuung

6 Absorption

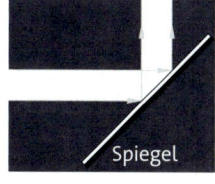

7 Reflexion

8 Durchlassen

Aufgaben

1 ▣ Ordne nach Lichtquellen und
Lichtempfängern: Sonne, Bild-
schirm, Handykamera, Solarzelle,
Auge, grünes Blatt.

2 ▣ Erkläre den Unterschied zwischen
Lichtquellen und Lichtempfängern.

3 ▣ „Ohne die Streuung des Lichts
könnten wir fast nichts sehen."
Erkläre diese Aussage.

4 ▣ Der Vollmond erhellt die Nacht.
Erkläre, wie das möglich ist.

5 ▣ „Du leuchtest mit dem Spiegel in
meine Augen!" Der Spiegel ist keine
Lichtquelle: Erkläre, was gemeint
ist.

6 ▣ Beschreibe die Streuung, die
Absorption und die Reflexion des
Lichts an je einem Beispiel.

9 Das beleuchtete Buch sehen

33

Sehen und gesehen werden

Material A

Leuchtet die Lampe?

Materialliste: Taschenlampe, schwarzer Karton, leere Blechdose (innen schwarz)

1 ☒ Im dunklen Raum wird das Licht der Taschenlampe in die geschwärzte Dose gerichtet. → 1
a Seht ihr von der Seite, ob die Lampe leuchtet? Beschreibt eure Beobachtung.
b Beschreibt, wie man von der Seite her sicher feststellen kann, ob die Lampe leuchtet.

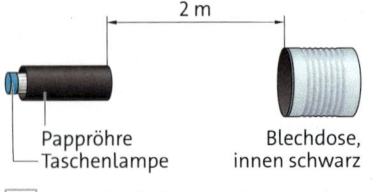

Pappröhre Taschenlampe · Blechdose, innen schwarz

1 Von der Seite gesehen

Material B

Licht und Gegenstände

1 Bei dieser Tabelle fehlen die Überschriften noch. → 2
a ☒ Was haben alle Gegenstände in der linken Spalte gemeinsam, was alle in der rechten Spalte? Übertrage die Tabelle ins Heft und ergänze die Überschriften.
b ☒ Trage diese Gegenstände in die Tabelle ein: Display eines Tablets, Handykamera, Blitz, Glühwürmchen.
c ☒ In welche Spalte gehören das Auge und der Mond? Besprecht es miteinander.

?	?
Taschenlampe	Kamera
Kerze	Laubblatt
Sonne	Sonnenkollektor

2 Was haben sie gemeinsam?

Material C

Indirektes Licht

Materialliste: Taschenlampe, Karton (weiß, rot, schwarz ...), Transparentpapier, zerknitterte Alufolie, Spiegel

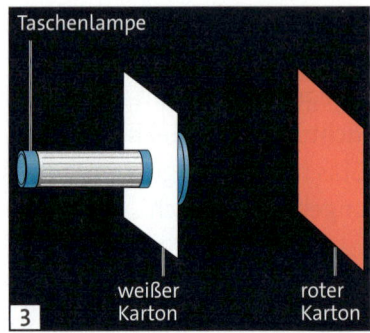

Taschenlampe · weißer Karton · roter Karton

3

1 Schneidet ein Loch in den weißen Karton. Schiebt die Lampe hindurch. → 3 Geht in einen dunklen Raum.
a ☒ Schaltet die Lampe ein. Haltet den roten Karton ins Licht. Schaut von seiner Seite her auf den weißen Karton. Beschreibt, was ihr dort beobachtet.
b ☒ Haltet die Materialien nacheinander ins Licht. Notiert, was ihr auf dem Karton an der Lampe beobachtet.

2 ☒ Wie verläuft das Licht von der Lampe bis zum weißen Karton? Fertige eine Skizze an und zeichne den Lichtweg mit Pfeilen.

Material D

Schwarz und Weiß

1 ☒ Gesicht und Hände ohne Körper? Erkläre, wie dieser Eindruck entsteht. → 4

4

Sichtbar im Straßenverkehr

Lichtquellen im Straßenverkehr • Motorräder fahren am Tag mit eingeschaltetem Licht, alle neuen Autos auch. Hier geht es nicht darum, die Straße zu beleuchten, sondern gesehen zu werden. Besonders auffällig sind Blinklichter: Das gelbe Blinklicht eines Autos gibt an, wohin es abbiegen wird. Bei Blaulicht heißt es, schnell Platz zu machen. → 5
Auch Ampeln und Blinklichter an Bahnschranken dienen nicht der Beleuchtung, sondern der Information der Verkehrsteilnehmer.

Nachts gesehen werden • Personen und Gegenstände auf der Straße müssen im Dunkeln gut zu sehen sein. Wer nachts mit dem Fahrrad oder zu Fuß unterwegs ist, sollte deshalb helle Kleidung tragen. → 6 Sie streut nämlich viel mehr Licht als dunkle Kleidung. Leuchtstreifen und Katzenaugen reflektieren das Licht der Scheinwerfer. Beim Autofahren kann man deshalb hell gekleidete Personen mit Warnwesten schon von Weitem erkennen und ihnen rechtzeitig ausweichen.

5 Blinkendes Blaulicht – schnell zur Seite fahren!

6 Warnwesten und Leuchtstreifen

Aufgaben

1 ☒ Blinkende Lichter fesseln die Aufmerksamkeit – nicht nur im Straßenverkehr. Wo noch?
Beschreibe weitere Beispiele.

2 ☒ Welche Farbe sollte Kleidung haben, wenn man bei Dunkelheit auf die Straße geht?
Begründe deine Antwort.

3 ☒ „Das Rücklicht am Fahrrad schützt dein Leben."
Erkläre diesen Satz.

4 ☒ Beim Autofahren muss man für Gefahrensituationen immer Rettungswesten dabeihaben.
Überprüfe im Versuch, ob diese Westen tatsächlich gut zu erkennen sind.

Licht unterwegs

1 Wo hat sich die Sonne versteckt?

Die Sonne wird von Wolken verdeckt. Trotzdem kann man ziemlich genau vermuten, wo sie am Himmel steht.

Licht wird sichtbar • Wenn Staub oder
5 Nebel in der Luft sind, sieht man, wie sich Licht ausbreitet. ⇢ 2 3 Jedes beleuchtete Staubkörnchen oder Wassertröpfchen streut ein wenig Licht in alle Richtungen. Ein Teil des gestreu-
10 ten Lichts fällt in unsere Augen. Die im Licht aufleuchtenden Körnchen oder Tröpfchen sind zwar einzeln nicht zu erkennen. Sie machen aber zusammen den Weg des Lichts sichtbar.

15 **Geradlinig** • Unter dem „Lichtwürfel" steht eine Glühlampe. Der Kreidestaub macht sichtbar, dass sich das Licht geradlinig ausbreitet.
Auch das Licht von der Sonne breitet
20 sich geradlinig aus. ⇢ 1 Tröpfchen in der Luft machen die Lichtwege sichtbar.

Strahlenmodell • In Zeichnungen stellen wir den Weg des Lichts durch gera-
25 de Linien dar. ⇢ 4 Pfeilspitzen an den Linien zeigen die Ausbreitungsrichtung an. Die Linien mit den Pfeilspitzen werden als Strahlen bezeichnet. Man spricht vom Strahlenmodell des Lichts.

> Das Licht breitet sich von einer Lichtquelle geradlinig in alle möglichen Richtungen aus.

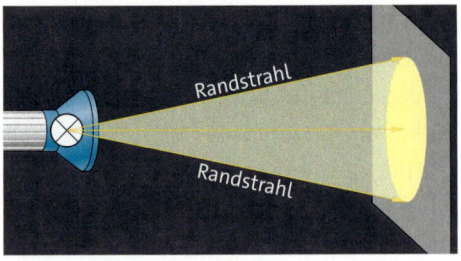

4 Gezeichnete Lichtwege

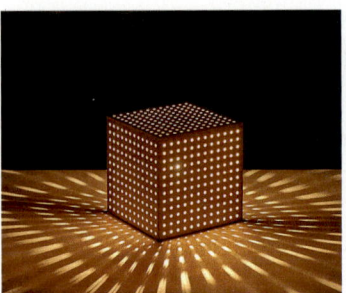

2 3 „Lichtwürfel" – ohne und mit Nebel in der Luft

Aufgaben

1 ⊡ Bei einer Taschenlampe sieht man den Lichtweg im Nebel gut. Erkläre diese Beobachtung.

2 ⊡ Bestimme nur mit zwei Linealen, wo sich die Sonne versteckt. ⇢ 1 Erkläre, wie du vorgehst.

Material A

Licht wird sichtbar

Materialliste: Kreidestaub oder Nebelmaschine, Karton aus Pappe, Glühlampe mit Lampenfassung, Anschlusskabel

1 ☑ Stecht viele Löcher in den Karton. Stülpt ihn über die Lampe. Schaltet die Lampe an.
Beschreibt, was ihr seht.

2 Die Umgebung des Kartons wird „vernebelt".
a ☑ Beschreibt, was ihr jetzt seht.
b ☒ Schreibt auf, was der Versuch über die Ausbreitung des Lichts zeigt.

3 ☑ Vergleicht den Versuch mit Bild 1: Was entspricht der Lampe, was dem Karton und was dem Kreidestaub (Nebel)?

Material B

Blick durch den Schlauch

Materialliste: Schlauch (rund 50 cm lang), Teelicht, Feuerzeug

1 ☑ Blickt durch den Schlauch hindurch auf die Flamme.
→ 5 Beschreibt, wie es euch gelingt.

Material C

Laserstrahl und Schnur

Materialliste: Laserpointer, Schnur, Kreidestaub, Stativ

Die Lehrkraft baut den Laserpointer auf. → 6

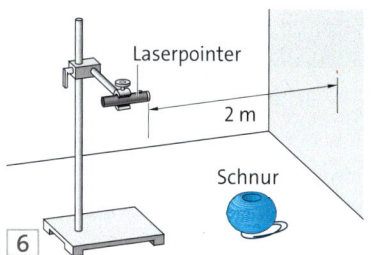

Achtung • Mit dem Laserpointer nicht in Augen leuchten! Nicht hineinblicken!

1 Befestigt die Schnur am Laserpointer. Spannt sie bis zum Lichtfleck an der Wand. Macht den Laserstrahl jetzt mit Kreidestaub sichtbar.
☑ Beschreibt eure Beobachtungen.

Material D

Lichtwege

1 Eine kleine Lampe sendet Licht in alle Richtungen aus. Ein Teil davon geht durch ein Blendenloch hindurch auf eine Pappe. → 7

☑ Zeichne das Bild groß ins Heft ab. Ergänze die Randstrahlen des Lichts, das vom Mittelpunkt der Lampe zur Pappe geht. Zeichne den ganzen Lichtfleck auf der Pappe ein.

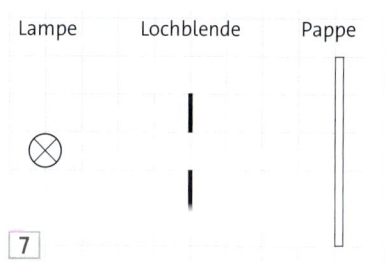

Schatten

1 Schattenspiel

Material zur Erarbeitung: A

Die „Schattenmaus" ist riesig. Wie entsteht das dunkle Bild an der Wand?

Schatten • Wie entstehen Schatten?
Wir erklären es so: → **2** Das Licht brei-
5 tet sich von der Flamme geradlinig in
alle Richtungen aus. Ein Teil des Lichts
geht an der Hand vorbei. Ein anderer
Teil des Lichts wird von der Hand nicht
durchgelassen. Hinter der Hand ent-
10 steht ein dunkler Bereich ohne Licht –
der Schatten.
Wenn man einen Schirm hinter die
Hand hält, passiert Folgendes: → **3**
• Der Schirm wird dort hell beleuchtet,
15   wohin das Licht der Flamme gelangt.
• Der Schirm bleibt dort dunkel, wo er
  sich im Schatten der Hand befindet.
Die dunkle Fläche auf dem Schirm hat
den gleichen Umriss wie die Hand. Wir
20 bezeichnen sie deshalb als Schattenbild der Hand.
Die Größe des Schattenbilds hängt von
den Abständen zwischen der Flamme,
der Hand und dem Schirm ab.

> Wenn ein beleuchteter Gegenstand
> Licht nicht durchlässt, entsteht hin-
> ter dem Gegenstand ein Schatten.
> Ein Schirm hinter dem Gegenstand
> bleibt dort dunkel, wo er sich im
> Schatten befindet. Es entsteht ein
> Schattenbild des Gegenstands.

Aufgaben

1 ☒ Nenne drei Dinge, die für ein
Schattenbild erforderlich sind.

2 ☒ Wenn wir von Schatten sprechen,
meinen wir oft das Schattenbild.
Erläutere die beiden Begriffe.

3 ☒ Im Schatten ist es dunkler als „in
der Sonne". Erkläre die Beobachtung.

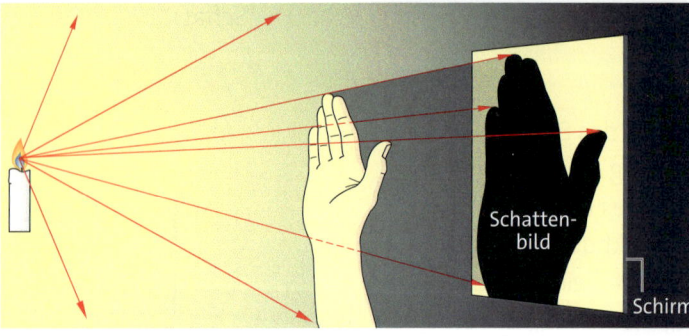

2 3 Schatten und Schattenbild

Material A

Schattenbilder zeichnen

Materialliste: Lampe oder Kerze, große Papierblätter, Zeichenstifte

1 ☒ Zeichnet gegenseitig eure Schattenbilder. → 4

2 Die Schattenbilder sollen nun ineinanderliegen. → 5 Wie müsst ihr die Licht- quelle oder die sitzende Person verschieben?
☒ Beschreibt, wie ihr vorgeht und wie sich das Schattenbild dabei verändert. Skizziert eure Anordnung.

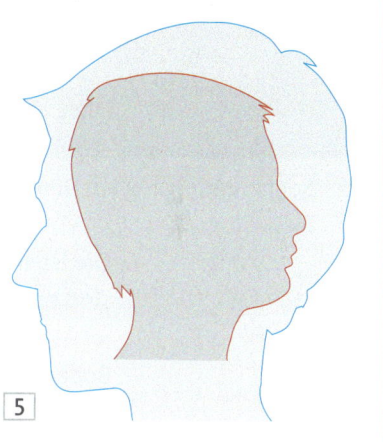

Material B

Schattenbild vorhersagen

Materialliste: Glühlampe mit Fassung, Brett, Schnur, Stativ

1 Baut den Versuch auf. → 6
a ☒ Schaltet die Lampe noch nicht ein. Zeichnet mithilfe der Schnur das Schattenbild des Bretts auf die Tafel.
b ☒ Schaltet die Lampe jetzt ein. Habt ihr das Schattenbild richtig vorgezeichnet? Begründet Unterschiede.

Material C

Sonnenschirm

1 Sieh dir das Urlaubsfoto an. → 7 Beschreibe, wo sich
a ☒ das Schattenbild des Sonnenschirms befindet.
b ☒ der Schatten befindet.

mehrere Meter · 1–2 Meter

Glühlampe · Schnur · Brett · Wandtafel

Tag und Nacht

1 Sonnenuntergang am Dümmer See

Die Übergänge zwischen Tag und Nacht sind ein besonderes Schauspiel.

Bedeutung von Tag und Nacht • Die Sonne bestimmt das Leben in der
5 Natur. Von der Sonne hängt es ab, wann die Vögel morgens zu singen beginnen und in welche Richtung die Pflanzen wachsen. Auch wir leben im Takt von Tag und Nacht.

10 **Sonne und Erde** • Wir sprechen von Sonnenaufgang und Sonnenunter-gang. Aber nicht die Sonne bewegt sich, sondern die Erde. Sie dreht sich in 24 Stunden einmal um sich selbst.
15 → 2 Die Sonne beleuchtet immer nur die ihr zugewandte Hälfte der Erde: Hier ist jetzt Tag. Auf der unbeleuch-teten Hälfte der Erdkugel ist Nacht.

Schattenlänge • Gegenstände im Son-
20 nenlicht haben einen Schatten. Je nach Tageszeit ist das Schattenbild zum Bei-spiel auf dem Boden verschieden lang: morgens und abends ist es länger, mit-tags ist es kürzer. Auch seine Richtung
25 ändert sich ständig. → 3 Mithilfe von Sonnenuhren kann man deshalb die Tageszeit bestimmen.

> **Die Erde dreht sich in 24 Stunden einmal um sich selbst. Sie wird stän-dig von der Sonne beleuchtet. Auf der beleuchteten Seite der Erde ist Tag, auf der anderen Seite ist Nacht.**

2 Tag und Nacht auf der Erde

3 Schattenbilder: kurz vor Mittag und am Abend

Aufgabe

1 ☑ Beschreibe, wie auf der Erde Tag und Nacht entstehen. → 2

Material A

Tag und Nacht

Die gedachte Erdachse verläuft vom Nordpol zum Südpol. Sie ist schräg zur Sonne geneigt.

Materialliste: Globus, Lampe

1 ☒ Stellt mit dem Globus und der Lampe nach, wie auf der Erde Tag und Nacht entstehen. ➞ 4

2 Sucht auf dem Globus, wo Deutschland liegt.
a ☒ Markiert die Hauptstadt mit einem Klebepunkt.
b ☒ Stellt mit Lampe und Globus Morgen, Mittag, Mitternacht und Sonnenuntergang nach.
c ☒ Nennt Länder, in denen es Nacht ist, wenn in Deutschland Tag ist.

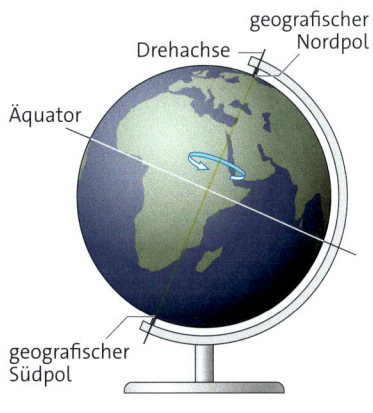

geografischer Nordpol
Drehachse
Äquator
geografischer Südpol

4 von der Seite beleuchteter Globus

Material B

Wie spät ist es?

Sonnenuhren findest du manchmal an Kirchen, an Rathäusern oder auch in Burgen und Schlössern.

1 Sonnenuhr
a ☒ Lies ab, was die Sonnenuhr anzeigt. ➞ 5
b ☒ Gib an, wie spät es ist. Tipp: Die Sonnenuhr geht im Sommer eine Stunde nach.

5 Sonnenuhr in Burghausen. Die Aufnahme wurde im Juli gemacht.

2 ☒ Gib an, zu welcher Tageszeit das Schattenbild am längsten und zu welcher Tageszeit das Schattenbild am kürzesten ist. Begründe jeweils deine Antwort.

Material C

Einfache Sonnenuhr – selbst gebaut

Materialliste: Stab (mindestens 60 cm lang), Schnur, Schere, kleine Schildchen, kleine Stöckchen

1 Suche dir an einem sonnigen Tag draußen einen Platz ohne Schatten. Der Boden sollte nicht zu hart sein.
a Stecke dort den großen Stab senkrecht in die Erde.
b Stecke zu jeder vollen Stunde ein Stöckchen in die Spitze des Schattenbilds. ➞ 6

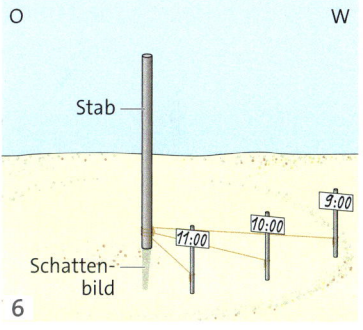

O   W
Stab
9:00
10:00
11:00
Schattenbild
6

Befestige ein Schild mit der Uhrzeit am Stöckchen.
c Ziehe jeweils eine Schnur vom Stab zum Stöckchen.
d ☒ Die Schnurstücke sind unterschiedlich lang. Begründe den Unterschied.

2 ☐ Lies am nächsten sonnigen Tag die Uhrzeit ab.

Der Mond – Licht und Schatten

1 Halbmond

Der Mond wandelt ständig seine Gestalt. Kreisrund ist er selten zu sehen.

Wechselndes Aussehen • Der Mond ist eine riesige Kugel. Er wird ständig
5 von der Sonne beleuchtet. → 2 Deshalb ist immer eine Hälfte des Monds hell und eine dunkel. Sonne, Mond und Erde stehen manchmal so, dass wir die beleuchtete Hälfte des Monds voll-
10 ständig sehen: Dann ist Vollmond. In ungefähr einem Monat umkreist der Mond einmal die Erde. Dabei ändert sich unser Blickwinkel auf den beleuchteten Teil von Nacht zu Nacht.
15 Wir sprechen von Mondphasen.

> Der Mond wird von der Sonne stets zur Hälfte beleuchtet. Wir sehen unterschiedlich viel von der beleuchteten Hälfte – je nachdem, wie Mond, Sonne und Erde zueinander stehen.

Aufgabe

1 „Der Mond ist immer zur Hälfte beleuchtet."
a ⊠ Erkläre diese Aussage.
b ⊠ Erkläre, warum wir nachts nicht immer einen Halbmond sehen.

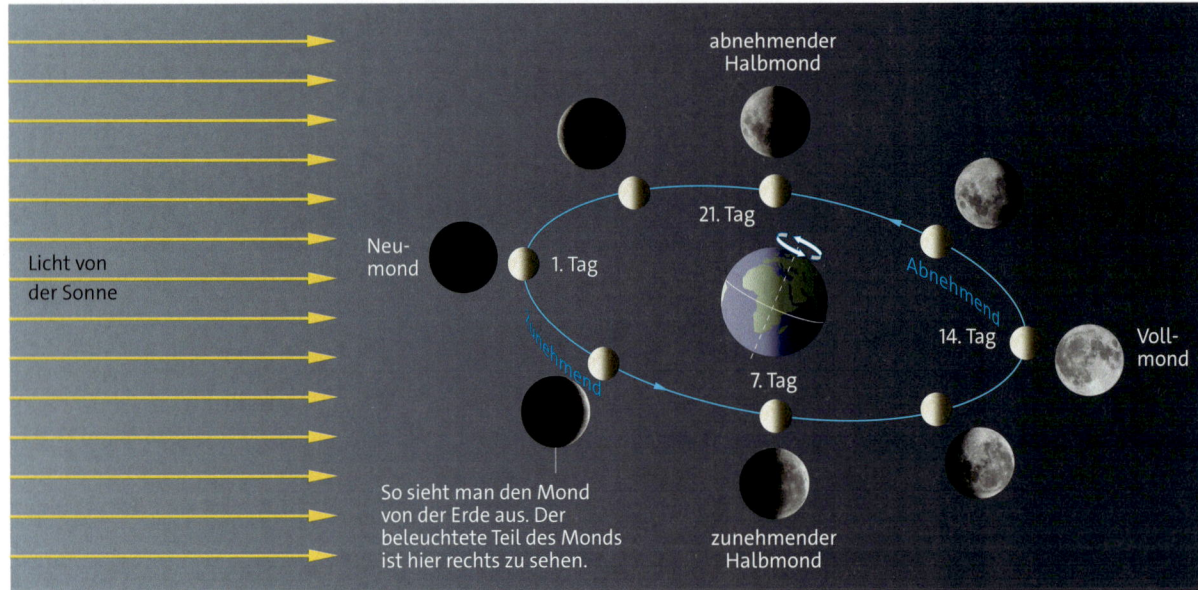

2 Die Mondbilder zeigen, wie wir von der Erde aus den Mond in den verschiedenen Nächten sehen.

Material A

Mondphasen im Foto

Hier sind die Mondphasen durcheinandergeraten. → 3

1 ☞ Ordne in der Tabelle die richtigen Fotos zu. → 4
Tipp:
) „Klammer **zu**" →
zunehmender Mond

2 ☞ Bringe alle acht Fotos in die richtige Reihenfolge. Fange mit dem Neumond an.
Tipp: Die Buchstaben ergeben ein englisches Wort.

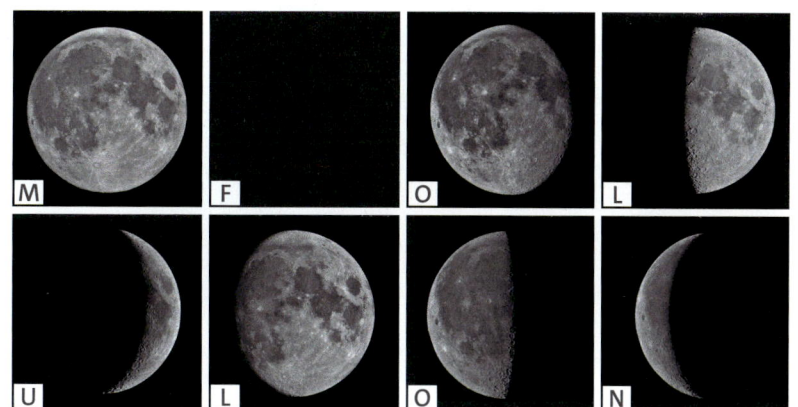

3 Durcheinandergebrachte Mondphasen

Mondphase	Neumond	Vollmond	zunehmend	abnehmend
Foto	?	?	?	?

4 Welches Foto gehört zu welcher Mondphase?

Material B

Mondphasen im Modell

Materialliste: kleiner weißer Ball (Styroporkugel), Tageslichtprojektor

1 Stellt die Mondphasen nach. → 5 Die Personen „auf der Erde" schauen immer zum „Mond".

a ☞ Der „Mond" läuft um die „Erde". Er stoppt an den Stellen A–D. Alle Personen in der Mitte skizzieren, wie sie den „Mond" sehen.

b ☒ Vergleicht eure Skizzen mit Bild 2.

Nennt die Mondphasen an den Stellen A–D.

c ☒ Stellt den „Mond" so auf, dass ihr ihn aufgehend seht. Zeichnet wieder.

2 ☒ Findet (zum Beispiel mit einer Mondphasen-App) heraus, wann die nächsten Vollmonde sind. Wie lange dauert ein Mondumlauf?

Kernschatten und Halbschatten

1 Bunte Schatten?

Materialien zur Erarbeitung: A–B

Zwei Lampen und eine Hand: Wie entstehen die bunten Schattenbilder?

Kernschatten – Halbschatten • Svenja wird von zwei Lampen beleuchtet. ⇢ 2

5 An der Wand sieht man mehrere Schattenbilder ihres Kopfs. Der dunkle Bereich wird Kernschatten genannt. Die etwas helleren Bereiche heißen Halbschatten.

10 Du siehst auch bei den Schatten der Hand einen dunklen Kernschatten – und farbige Halbschatten: ⇢ 1 3

- In den Kernschatten gelangt von keiner Lampe Licht.
15 • In den roten Halbschatten kommt nur Licht von der roten Lampe.
- In den grünen Halbschatten kommt nur Licht von der grünen Lampe.

Wenn ein Gegenstand von zwei Lichtquellen beleuchtet wird, können hinter ihm verschiedene Schatten auftreten:
- Der Kernschatten ist der dunkle Bereich, in den gar kein Licht fällt.
- Halbschatten sind die etwas helleren Bereiche, in die nur Licht von einer Lichtquelle fällt.

Aufgabe

1 ☒ Der Kernschatten von Svenja ist dunkler als die beiden Halbschatten. ⇢ 2 Erkläre den Unterschied in der Helligkeit.

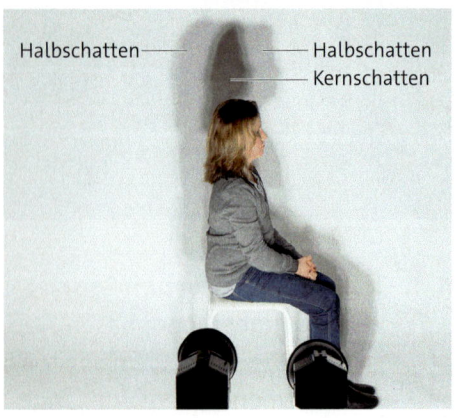

2 Kernschatten und Halbschatten

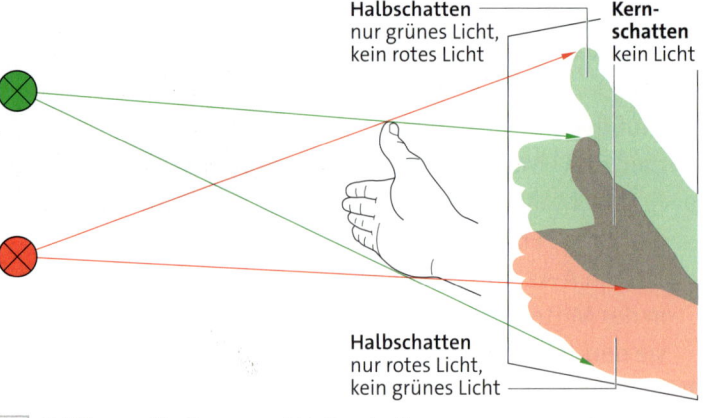

3 Erklärung für Kern- und Halbschatten

Material A

Verschiedene Schatten

Materialliste: 2 Kerzen und Kerzenständer, stehender Gegenstand, Feuerzeug

4

1 ☒ Stellt die Kerzen dicht nebeneinander vor den Gegenstand. → 4 Zündet sie an.

a Beschreibt genau, was ihr auf dem Tisch hinter dem Gegenstand beobachtet.

b Skizziert im Heft die Kerzen, den Gegenstand und die Schattenbilder auf dem Tisch, wie ihr sie von oben seht.

c Vergrößert den Abstand der Kerzen voneinander. Skizziert wieder.

d Verschiebt den Gegenstand und skizziert.

Material C

Zwei Schatten

1 ☒ Svenja wird von zwei Lampen beleuchtet. → 5 Vergleiche die Schatten mit denen in Bild 2. Erkläre den Unterschied.

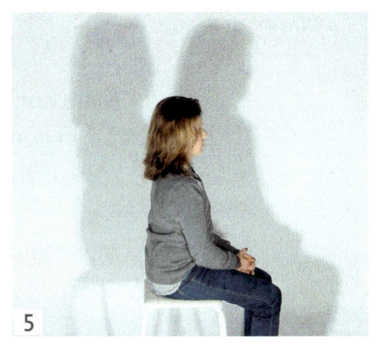

5

Material B

Farbige Schatten erzeugen

Materialliste: 2 farbige Spotlampen oder Taschenlampen (rot und grün), Stativ

Baut die Lampen im Abstand von rund 60 cm übereinander auf. Schaltet sie noch nicht ein.

1 ☒ Haltet eine Hand nah vor die Wand. Nur die rote Lampe soll gleich eingeschaltet werden.
Vermutet zunächst:
• Was wird auf der Wand zu sehen sein?

• Welche Farbe wird der Schatten haben?
Schaltet dann die rote Lampe ein. Beschreibt, was ihr seht. Vergleicht mit eurer Vermutung.

2 ☒ Diesmal soll nur die grüne Lampe eingeschaltet werden. Stellt wieder eine Vermutung auf. Schaltet dann die Lampe ein und beobachtet.

3 ☒ Schaltet beide Lampen zusammen ein. Beschreibt genau, was ihr seht.

Material D

Farbige Schatten

1 ☒ Erkläre, wie die Schatten der Person auf der Wand entstehen. → 6

6

Finsternisse am Himmel

1 Mondfinsternis

2 Sonnenfinsternis

Mond den Schatten der Erde. Dann sieht man das Schattenbild eines Teils der Erde auf dem Mond. → 1

Sonnenfinsternis • Der Schatten hinter dem Mond geht meistens an der Erde vorbei. Nur manchmal steht der Mond so, dass sein Schatten die Erde trifft. → 4 Wer dann im Schatten des Monds steht, sieht die Sonne teilweise oder total vom Mond verdeckt. → 2

Manchmal scheint sich etwas Schwarzes in den Mond oder in die Sonne „hineinzufressen". Wie kommt es dazu?

Mondfinsternis • Die Sonne bescheint die Erde ständig. Hinter der Erde reicht der Erdschatten weit in den Weltraum. → 3 Der Mond umkreist die Erde auf einer etwas „gekippten" Bahn. Sie verläuft hinter der Erde meistens oberhalb oder unterhalb des Schattens. Nur manchmal streift oder durchquert der

Bei einer Mondfinsternis wird der Mond verdunkelt, weil er durch den Schatten der Erde läuft.
Bei einer Sonnenfinsternis wird die Sonne für uns vom Mond verdeckt. Sein Schatten fällt auf die Erde.

Aufgabe

1 ☑ Wer verdeckt wen? Beschreibe es für beide Finsternisse.

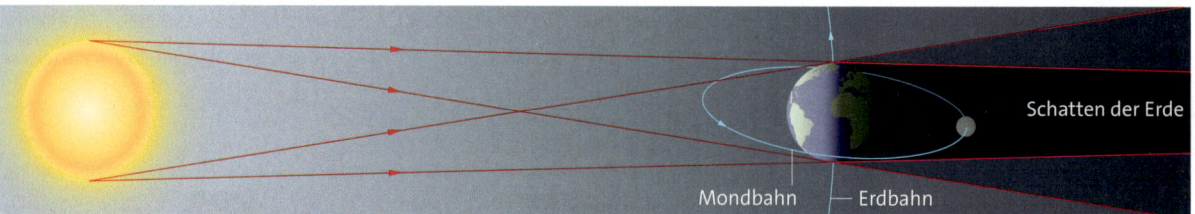

3 Mondfinsternis

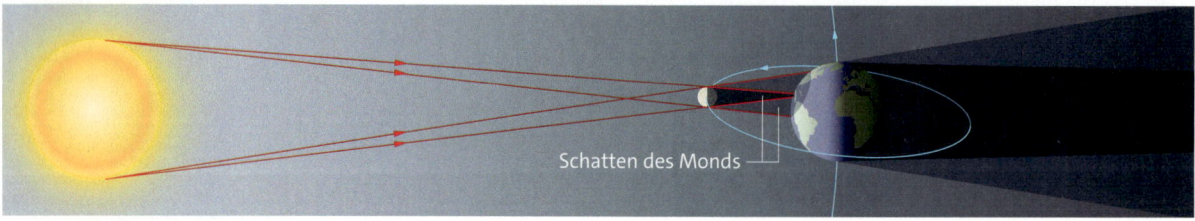

4 Sonnenfinsternis

Material A

Sonnenfinsternis (Modell)

Materialliste: kugelförmige Lampe (ca. 12 cm Durchmesser, mattiert), Tennisball

1 Die leuchtende Lampe stellt die Sonne dar, der Ball den Mond, dein Kopf die Erde.

a ☒ Stehe 2 m von der Lampe entfernt. Halte den Ball so vor ein Auge, dass er die Lampe vollständig verdeckt. Bewege den Kopf hin und her. Beschreibe, was du siehst.

b ☒ Der Ball „wirft" einen Schatten auf dein Gesicht. Beschreibe, in welchem Teil des Schattens sich dein Auge befindet, wenn die Lampe:
  • vom Ball vollständig verdeckt wird.
  • vom Ball teilweise verdeckt wird.

Material B

Finsternisse darstellen

Materialliste: Experimentierleuchte, Stativ, kleiner Ball, Faden, Globus

1 Die Experimentierleuchte stellt die Sonne dar, der Globus die Erde und der Ball den Mond. → 5

a ☒ Stelle eine Sonnenfinsternis dar. Zeichne die Anordnung auf.

b ☒ Stelle eine Mondfinsternis dar. Zeichne wieder.

c ☒ Bei einer totalen Mondfinsternis wird der ganze Mond abgedunkelt, bei einer totalen Sonnenfinsternis nur ein Teil der Erde. Erkläre den Unterschied.

d ☒ Eine totale Sonnenfinsternis kann es nur bei Neumond geben, eine totale Mondfinsternis nur bei Vollmond. Erkläre beides.

5 Modellversuch für Finsternisse

Material C

Finsternis

1 Die Fotos wurden bei derselben totalen Finsternis aufgenommen. → 6 7

a ☒ Gib an, um welche Art von Finsternis es sich handelt.

b ☒ Beschreibe und erkläre, was jeweils zu sehen ist.

6 Blick von der Erde zum Himmel

7 Blick von einer Raumstation auf die Erde

Licht und Schatten

Zusammenfassung

Sehen und gesehen werden • Lichtquellen wie die Sonne erzeugen Licht und senden es aus. Lichtempfänger wie unsere Augen fangen Licht auf. → ⎵1⎵

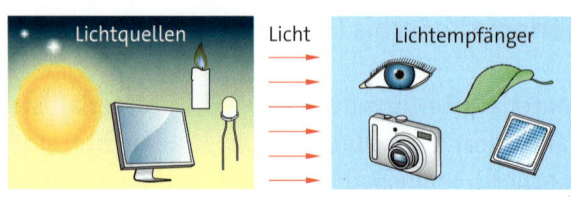

⎵1⎵ Lichtquellen und Lichtempfänger

Wenn Licht auf Gegenstände trifft, kann es gestreut, absorbiert, reflektiert oder durchgelassen werden. → ⎵2⎵ – ⎵5⎵

⎵2⎵ – ⎵5⎵ Streuung, Absorption, Reflexion, Durchlassen

Wir sehen Lichtquellen wie zum Beispiel eine Kerzenflamme nur, wenn ihr Licht in unsere Augen gelangt. → ⎵6⎵
Wir sehen beleuchtete Gegenstände wie zum Beispiel ein Buch, wenn sie Licht in unsere Augen streuen oder reflektieren. → ⎵7⎵

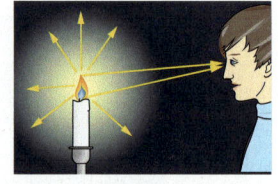

⎵6⎵ Die Flamme sehen ⎵7⎵ Das Buch sehen

Licht unterwegs • Das Licht breitet sich von einer Lichtquelle geradlinig in alle möglichen Richtungen aus.
Wir zeichnen den geraden Weg des Lichts durch gerade Linien (Strahlen). Pfeilspitzen zeigen die Ausbreitungsrichtung an. → ⎵8⎵

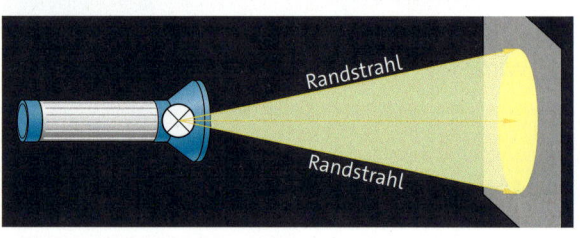

⎵8⎵ Gezeichnete Lichtwege

Schatten • Wenn ein beleuchteter Gegenstand Licht nicht durchlässt, fehlt hinter ihm Licht. Der Gegenstand hat einen Schatten. → ⎵9⎵
Ein Schirm hinter dem Gegenstand ist dort dunkel, wo er sich im Schatten befindet, und dort hell beleuchtet, wo Licht auf ihn fällt. Es entsteht ein Schattenbild des Gegenstands.

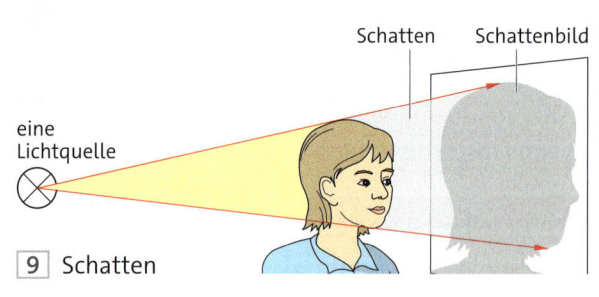

⎵9⎵ Schatten

Tag und Nacht • Die Sonne beleuchtet immer nur eine Hälfte der Erde. Dort ist Tag. Auf der unbeleuchteten Seite ist Nacht. Die Erde dreht sich in 24 Stunden einmal um sich selbst. Dadurch wechseln sich Tag und Nacht ab. → 10

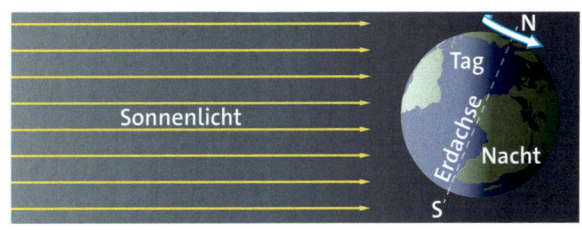

10 Tag und Nacht

Der Mond – Licht und Schatten • Der Mond wird von der Sonne zur Hälfte beleuchtet. Von dieser Hälfte sehen wir unterschiedlich viel – je nach Position von Mond, Sonne und Erde. → 11

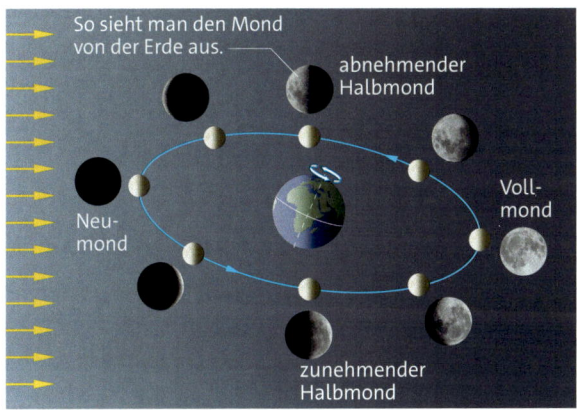

11 Mondphasen

Kernschatten und Halbschatten • Wenn ein Gegenstand von zwei Lichtquellen beleuchtet wird, können verschiedene Schatten hinter dem Gegenstand auftreten: → 12
* Der Kernschatten ist der Bereich hinter dem Gegenstand, in den kein Licht fällt.
* Halbschatten sind die Bereiche, in die nur Licht einer Lichtquelle fällt.

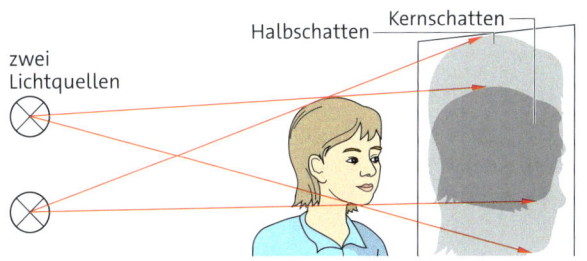

12 Kern- und Halbschatten

Finsternisse am Himmel – Mondfinsternis • Der Mond wird von der Erde verdunkelt, wenn er den Schatten der Erde durchquert. → 13

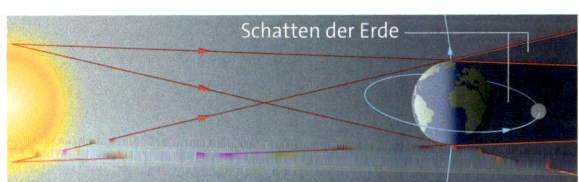

13 Mondfinsternis

Sonnenfinsternis • Die Sonne wird für Beobachter auf der Erde vom Mond verdeckt, wenn die Beobachter im Schatten des Monds sind. → 14

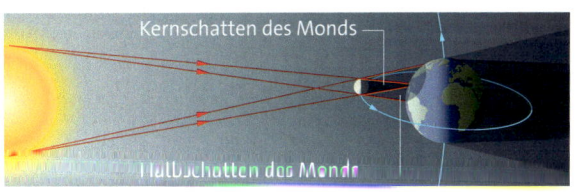

14 Sonnenfinsternis

Licht und Schatten

Teste dich! (Lösungen ab Seite 104)

Sehen und gesehen werden

1 ☒ Nenne jeweils mindestens drei Lichtquellen und Lichtempfänger aus dem Alltag.

2 ☒ Deckenfluter beleuchten nur die Zimmerdecke. → 1 Und doch wird es im ganzen Raum hell. Erkläre die Beleuchtungstechnik.

3 ☒ In einer klaren Vollmondnacht kann man im Freien auch ohne Lampe lesen. Erkläre diese Beobachtung.
Tipp: Die Streuung spielt zweimal eine Rolle.

4 ☒ Schreibe mit diesen Begriffen einen Satz zur Verkehrssicherheit: Fußgänger – weiß – schwarz – Kleidung – Nacht.

1 Deckenfluter

Licht unterwegs

5 Lasershow bei einem Konzert → 2
a ☒ Das Foto zeigt eine Eigenschaft des Lichts sehr deutlich. Nenne sie.
b ☒ Die Personen im Vordergrund sehen dunkel aus. Erkläre diese Beobachtung.

2 Lasershow

Schatten

6 Diana schreibt mit rechts.
a ☒ Beschreibe, wohin der Schatten ihrer Hand fällt, wenn die Lampe links/rechts steht. → 3
b ☒ Welcher Lampenort ist für Diana günstiger? Begründe deine Antwort.

7 Tanja geht nachts an einer Straßenlaterne vorbei.
a ☒ Auf dem Gehweg ist ein Schattenbild von Tanja zu sehen. Erkläre, wie es entsteht.

3 Richtig beleuchten

b ☒ Das Schattenbild von Tanja ist einmal kurz und einmal lang. Erkläre den Unterschied mithilfe von zwei Skizzen.

8 ⊠ Du hältst einen Stift zwischen eine Kerze und eine Wand. Beschreibe und skizziere:

a So entsteht ein großes Schattenbild des Stifts.

b So entsteht ein kleines Schattenbild des Stifts.

Tag und Nacht

9 ⊠ Jan hat einen Stab im Freien senkrecht in die Erde gesteckt.

a Gib an, zu welcher Tageszeit das Schattenbild des Stabs am kürzesten ist. Nenne die Himmelsrichtung, in der die Sonne zu sehen ist.

b Gib an, wann das Schattenbild des Stabs am längsten ist.

4 Verschiedene Schatten

5 Farbige Schatten

10 ⊠ „Schatten gibt's nur, wo Licht ist. In finsterer Nacht gibt es keine Schatten." – „Im Gegenteil, nachts gibt es nur Schatten!" Erkläre beide Meinungen.

11 ⊠ „Tag und Nacht gibt es, weil die Sonne um die Erde kreist." Nimm Stellung zu dieser Aussage. Erkläre, wie Tag und Nacht entstehen.

Der Mond – Licht und Schatten

12 ⊠ Der Mond ist trotz wolkenlosen Himmels eine ganze Nacht nicht zu sehen. Gib an, in welcher Phase sich der Mond befindet.

13 ⊠ Zeichne die acht Mondphasen in richtiger Reihenfolge. Beginne beim Neumond.

14 ⊠ Wie entstehen Vollmond, zu- und abnehmender Halbmond? Zeige es mit einer Taschenlampe und einem Tischtennisball.

Kernschatten und Halbschatten

15 ⊠ Hinter dem Bauklotz sind verschiedene Schatten zu sehen. → 4 Benenne die Schatten und erkläre sie.

16 ⊠ Erkläre, wie das Bild zustande kam. → 5 Gib an, wie viele Lampen eingesetzt wurden.

Finsternisse am Himmel

17 ⊠ Bei einer totalen Mondfinsternis liegen Sonne, Erde und Mond auf einer geraden Linie – wie bei einer totalen Sonnenfinsternis. Es gibt aber Unterschiede. Beschreibe sie. Fertige dazu zwei Zeichnungen an.

Reflexion, Brechung und Farben

Wie viele junge Frauen sind hier zu sehen? Wie könnte das Foto entstanden sein?

Im Geräteschuppen war der Besenstiel noch gerade. Warum sieht er jetzt geknickt aus?

Gelb, grün, rot, blau – wieso sehen wir die Pulver in unterschiedlichen Farben?

Spieglein, Spieglein ...

[1] ... an der Wand, wer ist die Schönste im ganzen Land?

In einem Spiegel kannst du dein Spiegelbild sehen. Entspricht es genau deinem Gesicht oder ändert der Spiegel etwas? Um diese Frage zu beantworten,
5 musst du verstehen, wie ein Spiegelbild entsteht. Was macht ein Spiegel mit dem Licht, das auf ihn trifft?

Reflexion • Wenn Licht auf einen Spiegel trifft, lenkt er es gerichtet um.
10 ► [2] Man sagt: Der Spiegel reflektiert das Licht. Einfallende und ausfallende Lichtstrahlen bilden stets ein V, das senkrecht auf dem Spiegel steht. Das V kann breit oder schmal sein. Das hängt
15 davon ab, in welchem Winkel das Licht auf den Spiegel trifft. Die Senkrechte mitten im V nennt man Einfallslot.

> Am Spiegel gilt das Reflexionsgesetz:
> • Der Einfallswinkel ist genauso groß wie der Reflexionswinkel.
> • Der einfallende Lichtstrahl und der reflektierte Lichtstrahl liegen in einer Ebene mit dem Einfallslot.

25 **Spiegelbilder** • Vor einem Spiegel stehen mehrere Gegenstände. ► [3] Wir sehen sie zweimal: vor dem Spiegel „in echt" und im Spiegel als Spiegelbilder.

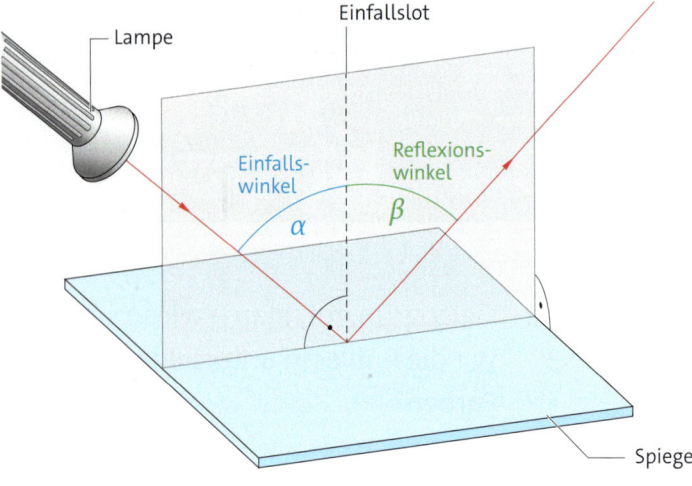

Einfallswinkel = Reflexionswinkel

[2] Das Reflexionsgesetz

Die Spiegelbilder sind scheinbar gleich
30 weit vom Spiegel entfernt wie die Gegenstände selbst. Hinter dem Spiegel
sind aber weder eine Kerze noch eine
Tasse! Wir sehen also „Trugbilder" der
Gegenstände.

35 **So entsteht ein Spiegelbild** • Wir starten bei der Flammenspitze: → ⁤4⁤ Licht
von der Spitze trifft auf den Spiegel.
Der Spiegel reflektiert einen Teil des
Lichts ins Auge. Du siehst das Spiegel-
40 bild der Flammenspitze genau in der
Richtung, aus der das reflektierte Licht
ins Auge fällt. Vom Ort des Spiegelbilds
selbst geht kein Licht aus.

> Wenn der Spiegel das Licht eines
> Gegenstands ins Auge reflektiert,
> sehen wir ein Spiegelbild des Ge-
> genstands. Es liegt in der Richtung,
> aus der das reflektierte Licht ins
> Auge fällt.

Aufgaben

1 ⊡ Nenne Gegenstände, die das Licht
reflektieren wie der Spiegel.

2 ⊠ Weiße Wände streuen Licht,
Spiegel reflektieren es. Beschreibe
den Unterschied.

3 ⊠ Ergänze den Satz richtig:
Das Spiegelbild der Kerze scheint
vom Spiegel ◇ entfernt zu sein
wie die Kerze selbst. → ⁤3⁤

4 ⊠ „Spiegelbilder sind Trugbilder."
Erkläre, was damit gemeint ist.

5 ⊠ Erkläre, wie das Spiegelbild
der Tasse entsteht. → ⁤3⁤

6 ⊠ Erkläre den Trick mit dem Keks.
→ ⁤3⁤

⁤3⁤ Gegenstände und ihre Spiegelbilder

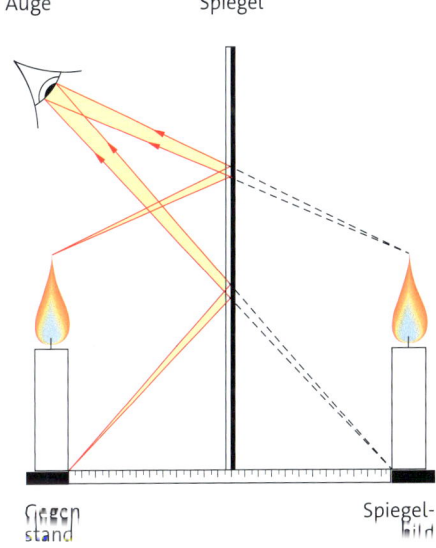

Auge   Spiegel

Gegenstand   Spiegelbild

⁤4⁤ So entsteht das Spiegelbild der Kerze.

Spieglein, Spieglein ...

Material A

Der Lichtweg am Spiegel

Materialliste: abgeklebte Taschenlampe mit Lichtspalt, Papier (DIN A4), Taschenspiegel

1 Lege das Blatt Papier auf den Tisch und baue den Versuch darauf auf. → 1

a ☒ Zeichne die Stellung des Spiegels und einige Punkte des Lichtwegs auf dem Papier ein. Zeichne dann den Lichtweg sorgfältig nach.
b ☒ Drehe den Spiegel etwas zur Seite. Zeichne wieder.
c ☒ Formuliere eine Gesetzmäßigkeit.

Material B

Gespiegeltes Licht im Visier

Materialliste: 2 Papprohre, Taschenlampe, Spiegel

1 Ein Versuch für drei: → 2

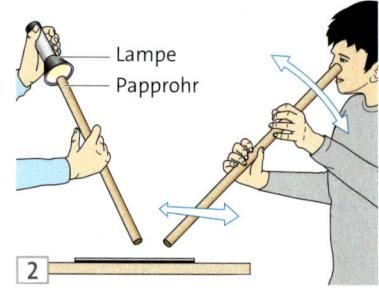

a ☒ Eine Person leuchtet durch ihr Papprohr auf den Spiegel. Die Person mit dem anderen Papprohr verschiebt und dreht es so lange, bis Licht in ihr Auge fällt. Die dritte Person beschreibt die Stellung der Rohre.
b ☒ Die Richtung des ersten Rohrs wird verändert. Sucht wieder das umgelenkte Licht und beschreibt die Stellung der Papprohre.
c ☒ Wie müsst ihr die Rohre halten? Stellt Regeln auf.

Material C

Der „tote Winkel"

1 Die Lkw-Fahrerin sieht den grün gekleideten Radfahrer, aber nicht den vorderen Radfahrer im „toten Winkel".
→ 3
☒ Erkläre den Unterschied.

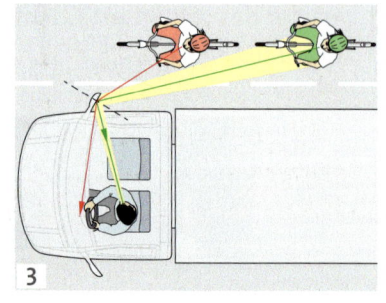

Material D

Vertauscht der Spiegel Richtungen?

1 Im Foto zeigt der rote Stift nach oben, der gelbe Stift nach links und der grüne Stift von dir weg. → 4

a ☒ Beschreibe jeweils genau, in welche Richtungen die Stifte des Spiegelbilds zeigen. → 4
b ☒ Vertauscht der Spiegel alle Richtungen? Begründe deine Antwort.

Licht ins Ziel lenken

Materialliste: abgeklebte Taschenlampe mit Lichtspalt (wie in Bild 1), Papier (DIN A4), 2 Taschenspiegel

1 Die Zeichnung zeigt den Grundriss eines Zimmers. → 5 Die Wand steht dem Licht im Weg. Die beiden Spiegel sollen senkrecht auf den Grundriss gestellt wer-

den, sodass sie das Licht zum Kreuz lenken.

a ☒ Zeichnet das Zimmer groß auf eurem Blatt Papier auf. Überlegt euch, wo die Spiegel stehen müssen. Zeichnet sie und den vermuteten Lichtweg ein.

b ☒ Stellt die Spiegel jetzt an den vorgezeichneten Stellen auf eure Zeichnung. Überprüft mit der Lampe, ob ihr das Kreuz trefft.

c ☒ Zeichnet selbst einen Grundriss für andere Teams. Ihr könnt auch mehr als zwei Spiegel verwenden.

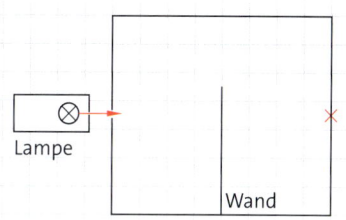

5 Zimmer (Blick von oben)

Hinter den Spiegel gießen

Kathrin steht am Lehrerpult und sieht das Becherglas 1 und sein Spiegelbild. → 6
Sie gibt Michael Anweisungen: Er soll das Becherglas 2 genau über das Spiegelbild halten und dort abstellen. Jetzt sieht Kathrin das Becherglas 2 nicht mehr. → 7 Sie gießt Wasser

aus dem 3. Becherglas genau „in das Spiegelbild hinein"!

Materialliste: großer Spiegel, Halterungen, 3 Bechergläser, Wasser, Lineal, Lappen

1 ☒ Führt den Versuch vor der Klasse vor.
Messt den Abstand der beiden Gläser vom Spiegel.

Wiederholt den Versuch mit unterschiedlichen Abständen zum Spiegel.

2 ☒ Formuliert als Ergebnis eures Versuchs einen Satz, in dem die folgenden Wörter vorkommen: Gegenstand, Spiegelbild, Spiegel, Entfernung.

6

7

Licht lässt sich brechen

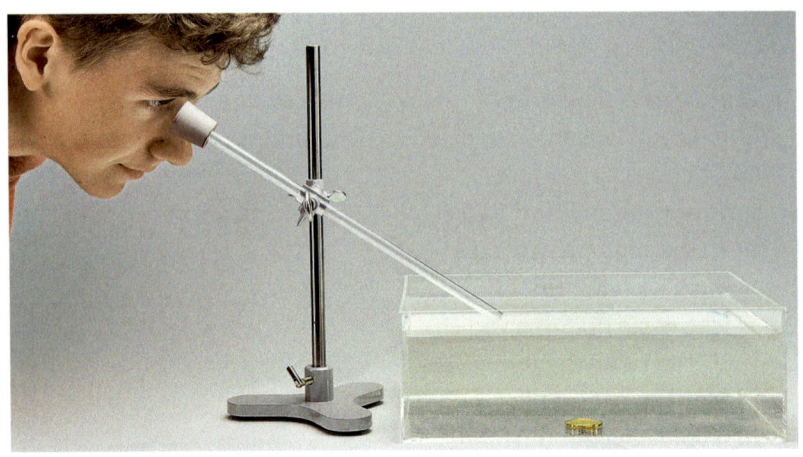

[1] „Jetzt sehe ich die Münze!"

Material zur
Erarbeitung: A

Jan sieht die Münze durch das Glasrohr. Doch als er versucht, die Münze mit einem Stab durch das Rohr zu treffen, erlebt er eine Überraschung – der Stab
5 verfehlt das Ziel. Dabei hat er genau gezielt!

Brechung • Licht fällt auf die Münze und wird gestreut. An der Wasseroberfläche wird das von der Münze
10 kommende Licht abgelenkt.
Licht wird immer abgelenkt, wenn es schräg von Wasser oder Glas auf Luft trifft. Auch wenn Licht aus der Luft kommt, wird es an der Grenzfläche
15 zum Wasser abgelenkt. Diese Ablenkung des Lichts an einer Grenzfläche nennt man Brechung.
Für die Brechung des Lichts gelten folgende Regeln:
20 • Das Licht wird vom Einfallslot weg gebrochen, wenn es aus dem Glas (Wasser) in die Luft übergeht. → [2]
• Das Licht wird zum Einfallslot hin gebrochen, wenn es aus der Luft
25 ins Glas (Wasser) übergeht. → [3]
• Je flacher das Licht auftrifft, desto stärker ist der „Knick".
• Der Lichtweg ist umkehrbar.

Licht wird gebrochen, wenn es schräg auf die Grenzfläche zwischen zwei durchsichtigen Stoffen trifft.

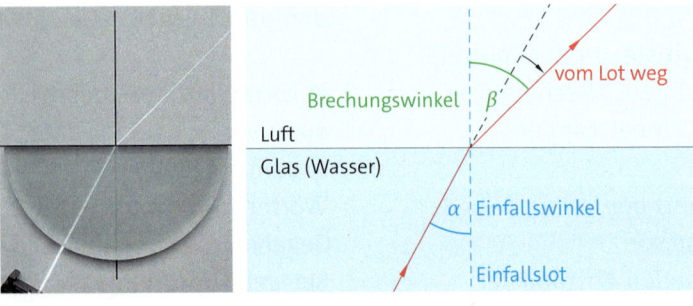

[2] Licht geht aus dem Glas in Luft über: Brechung vom Lot weg.

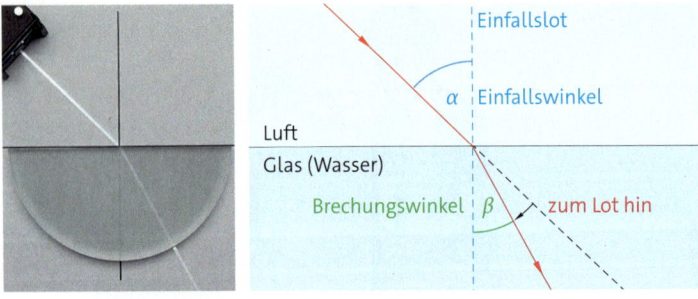

[3] Licht geht aus der Luft in Glas über: Brechung zum Lot hin.

Optische Hebung • Wenn wir zum Beispiel einen Fisch unter Wasser sehen,
befindet er sich gar nicht dort, wo wir
35 ihn sehen. Wir sehen ein Trugbild. → 4
Es entsteht so: Licht wird vom Fisch
gestreut. An der Wasseroberfläche wird
es vom Lot weg gebrochen. Ein Teil des
gebrochenen Lichts fällt ins Auge des
40 Fischers. Er sieht ein Trugbild des Fischs
in der Richtung, aus der das Licht in das
Auge einfällt. Der Fisch scheint angehoben zu sein.

> Gegenstände unter Wasser sehen
> wir scheinbar angehoben. Wir sehen
> sie in der Richtung, aus der das
> gebrochene Licht ins Auge fällt.

Totalreflexion • Der Fischer sieht den
weiter entfernten Fisch nicht. → 5 Ein
50 Teil des Streulichts vom Fisch trifft sehr
schräg aus dem Wasser auf die Luft.
Dieses Licht wird vollständig (total)
zurück in das Wasser reflektiert und
gelangt nicht in das Auge des Fischers.
55 Durch Totalreflexion kann man Licht in
Glasfaserkabeln über lange Strecken
transportieren. Jede Glasfaser besteht
aus einem lichtdurchlässigen Kern und
einem Mantel. → 6 Licht gelangt an
60 einem Ende in den Lichtleiter. An der
Grenze vom Kern zum Mantel wird das
Licht immer wieder total reflektiert und
so über weite Strecken weitergeleitet.

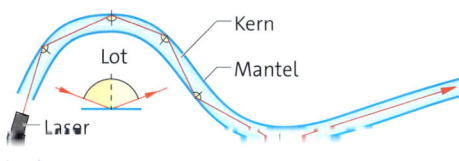

6 Totalreflexion im Lichtleiter

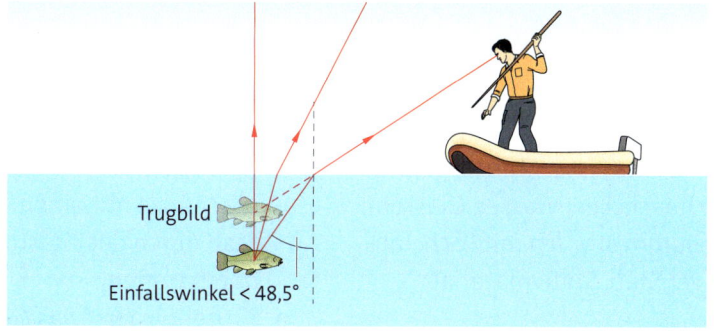

4 Optische Hebung: Der Fischer sieht das Trugbild des Fischs.

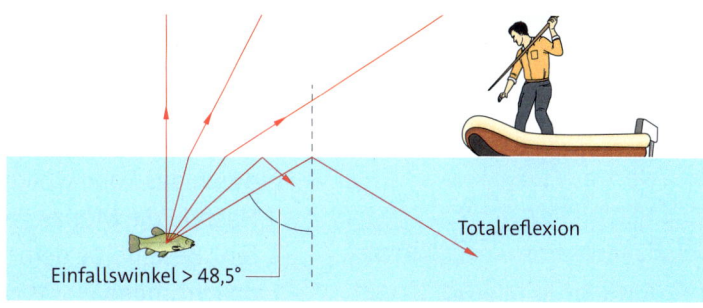

5 Totalreflexion: Der Fischer sieht den Fisch nicht.

Aufgaben

1 ◩ Ergänze die Sätze im Heft. Tipp:
vom Lot weg, schräg, zum Lot hin.
a Licht wird gebrochen, wenn es ◇
auf die Wasseroberfläche trifft.
b Beim Übergang von Luft in Wasser
wird das Licht ◇ gebrochen.
c Beim Übergang von Wasser in Luft
wird das Licht ◇.

2 Man sieht den Fisch unter Wasser
nicht dort, wo er sich befindet. → 4
a ✉ Erkläre, wie es zum Trugbild des
Fischs kommt.
b ✉ Erkläre, warum kein Trugbild entsteht, wenn man sich genau über
dem Fisch befindet.

Licht lässt sich brechen

Material A

Richtig zielen

Materialliste: Münze, großes Glasbecken, Wasser, Glasrohr, Gummistopfen mit Loch, langer Stab, Stativmaterial

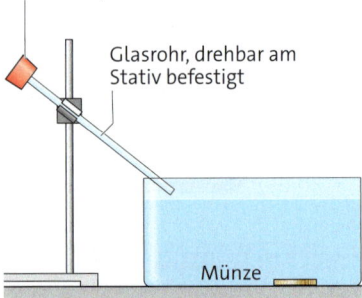

Gummistopfen mit Loch

Glasrohr, drehbar am Stativ befestigt

Münze

1 Triffst du die Münze?

1 Eine Münze liegt unter Wasser am Boden eines Glasbeckens. ➞ 1 Du sollst die Münze mit einem langen Stab durch das Glasrohr hindurch treffen.

a ☞ Stelle zuerst das Glasrohr durch Drehen und Verschieben so ein, dass du die Münze durch das Rohr hindurch siehst.

b ☞ Überprüfe deine Einstellung, indem du den Stab durch das Rohr schiebst. Hast du die Münze getroffen? Beschreibe deine Beobachtungen.

Material B

Licht geht von Wasser in Luft über

1 Die Lampe leuchtet unter Wasser. ➞ 2

☞ Ergänze: Je flacher das Licht auf die Luft trifft, desto ◇ wird es gebrochen. Wenn das Licht sehr flach auftrifft, wird es ◇.

Lampe

2

Material C

Licht geht von Luft in Wasser über

Materialliste: Glasbecken, Wasser, Laserpointer (Klasse-1-Laser), Beobachtungsschirm, Stativmaterial

1 ☞ Der Laserpointer leuchtet auf die Wasseroberfläche. ➞ 3 Der Laserstrahl ist sichtbar, weil er am Schirm entlangstreift.
Richtet den Laserpointer aus. Das Licht soll zuerst senkrecht, dann immer flacher auf das Wasser treffen. Beschreibt eure Beobachtungen.

Achtung • Mit dem Laserpointer nicht in Augen leuchten! Nicht hineinblicken!
Vorsicht: Das Licht wird an der Wasseroberfläche auch reflektiert!

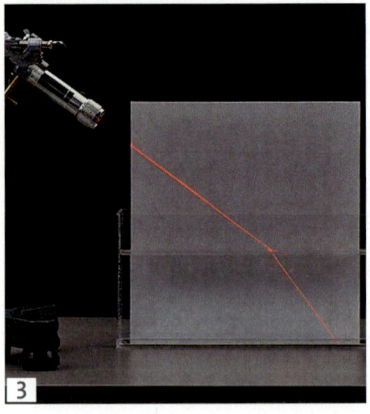

3

Material D

Welcher „Knick" ist richtig?

1 In beiden Bildern ist jeweils von den Lichtstrahlen 1–3 nur einer richtig gezeichnet. → [4] [5]

a ☑ Gib an, welche beiden Lichtstrahlen richtig gezeichnet sind.

b ☒ Begründe deine Auswahl.

c ☒ Übertrage die Bilder in dein Heft. Zeichne aber nur

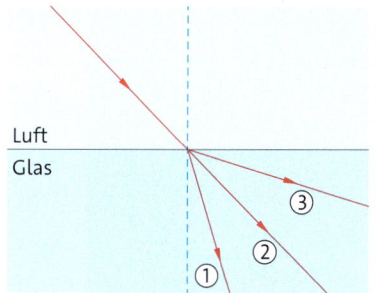

[4] Übergang Luft – Glas

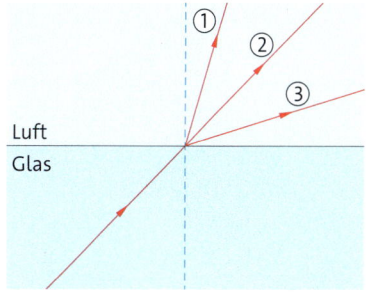

[5] Übergang Glas – Luft

die richtigen Lichtstrahlen ein. Trage außerdem jeweils

den Einfallswinkel und den Brechungswinkel ein.

Material E

Leuchtendes Wasser

Materialliste: Wanne, Joghurtbecher (500 ml), durchsichtige Folie, Kleber, Laserpointer (Klasse-1-Laser), Wasser, Nadel, verdunkelbarer Raum

Achtung • Mit dem Laserpointer nicht in Augen leuchten! Nicht hineinblicken!

1 Vorbereitung → [6]

a Schneide in den Joghurtbecher ein 2 cm x 2 cm großes Fenster. Klebe über das Fenster ein Stück Folie. Die Ränder müssen wasserdicht verklebt sein.

b Bohre genau gegenüber dem Fenster ein ca. 2 mm großes Loch in den Becher.

2 Durchführung → [7]

a Stelle den Joghurtbecher an eine Tischkante.

b Schalte den Laserpointer ein und richte ihn aus. Sein Licht soll genau durch das Fenster und das gegenüberliegende Loch fallen.

c Stelle die Wanne auf den Boden unter den Becher.

d Fülle Wasser in den Becher. Gehe sicher, dass die Wanne das Wasser auffängt.
☑ Beobachte den Wasserstrahl von verschiedenen Seiten und beschreibe, was du siehst.

3 ☒ Erkläre deine Beobachtungen mit den Begriffen Reflexion, Brechung und Totalreflexion.

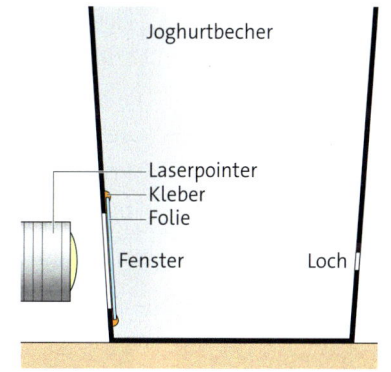

[6]

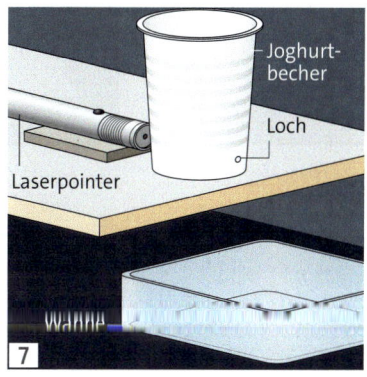

[7]

Weißes Licht steckt voller Farben

1

Materialien zur Erarbeitung: A–B

So einen schönen Regenbogen siehst du nicht oft.

Brechung am Prisma • Wenn weißes Licht schräg auf ein Prisma aus Glas
5 trifft, wird es zweimal gebrochen. ➜ 2 3 Dabei spreizt sich das Licht auf. In einiger Entfernung hinter dem Prisma entsteht auf dem Schirm ein buntes Lichtband: das Spektrum. ➜ 4
10 Die vielen Farben bezeichnet man als Spektralfarben.

Spektralfarben • Der englische Forscher Isaac Newton fand um das Jahr 1670 beim Experimentieren mit Prismen
15 heraus:
• Weißes Licht ist aus farbigem Licht zusammengesetzt.
• Das Spektrum entsteht, weil farbiges Licht an den Flächen des Prismas
20 unterschiedlich stark gebrochen wird. Blaues Licht wird stärker gebrochen als rotes Licht.
• Die Spektralfarben lassen sich nicht weiter in andere Farben zerlegen.
25 • Wenn man das von einem Prisma aufgespreizte Licht zusammenführt, entsteht wieder weißes Licht.

Regenbogen • Auch Regentropfen brechen Licht. Das Sonnenlicht wird dabei
30 in die Spektralfarben zerlegt. Das farbige Licht von vielen Regentropfen zusammen ergibt den Regenbogen. ➜ 1

Ein Prisma spaltet weißes Licht auf. Es entsteht ein Spektrum aus Licht in den Spektralfarben.

Aufgabe

1 Spektralfarben ➜ 4
a ☒ Nenne die Spektralfarben.
b ☒ Erkläre, was Spektralfarben sind.
c ☒ Gib an, wodurch sich weißes Licht von den Spektralfarben unterscheidet.

2 Prisma

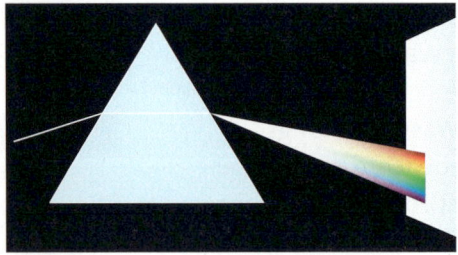

3 Spektrum hinter einem Prisma

| Rot | Orange | Gelb | Grün | Türkis | Blau | Violett |

4 Spektrum des Sonnenlichts und Spektralfarben

Material A

Weißes Licht trifft auf ein Prisma

Materialliste: Tageslichtprojektor, Prisma (Glas), dunkler und weißer Karton, Stativmaterial

1 Deckt das Glas des Projektors mit dem dunklen Karton ab, sodass ein schmaler Spalt entsteht. Stellt das Prisma so in den Lichtweg, dass das Licht schräg auf eine Seite trifft. → 5

a Sucht mit dem weißen Karton das Licht nah hinter dem Prisma. Entfernt den Karton dann immer weiter. Er soll aber weiterhin das Licht auffangen.

b ▣ Beschreibt (und fotografiert), was ihr in verschiedenen Entfernungen auf dem weißen Karton beobachtet.

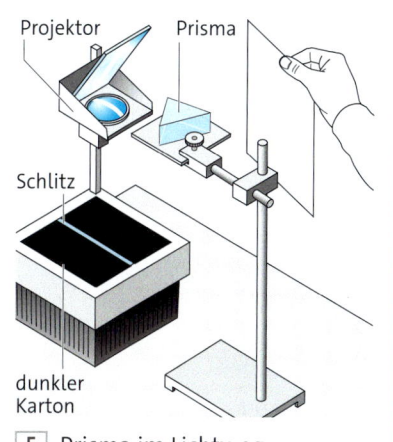

5 Prisma im Lichtweg

Material B

Weißes Licht trifft auf ein Glas Wasser

Materialliste: Tageslichtprojektor, Glas mit Wasser

1 Stellt ein Glas Wasser auf die Projektionsfläche eines Tageslichtprojektors. Schaltet den Projektor ein. ▣ Beschreibt eure Beobachtung.

2 In einem verdunkelten Raum seht ihr die Farben des Lichts noch deutlicher an der Wand oder an der Decke. ▣ Beschreibt die Anordnung der Farben.

Material C

Farbiges Licht wird gemischt

Materialliste: 3 Taschenlampen oder 3 Strahler mit rotem, blauem und grünem Licht

1 Erzeugt mit den drei farbigen Taschenlampen oder Strahlern Lichtflecke an einer weißen Wand. Die Lichtflecke sollen sich dabei auch überlappen. ▣ Beschreibt eure Beobachtungen.

2 Was passiert, wenn sich alle drei Lichtflecke überlagern? ▣ Beschreibt wieder eure Beobachtungen.

Material D

Laserlicht wird gebrochen

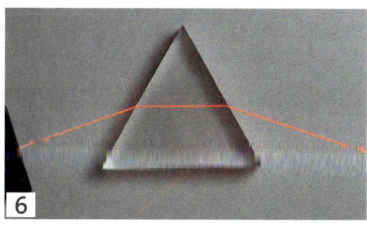

6

1 Auf einem Tisch liegen ein Laser und ein Glasprisma. → 6 Der Laserstrahl wird am Prisma gebrochen. ▣ Warum wird das Laserlicht nicht in einen bunten Streifen aufgespreizt? Vergleiche es mit weißem Licht.

Farben überall

1 Leuchtendes Gelb = gelbes Licht?

Materialien zur Erarbeitung: A–D

Das gelbe Licht von der Tasse wird durch das umgebende Licht erzeugt. Das gelbe Licht auf dem Display im Handy entsteht aber ganz anders.

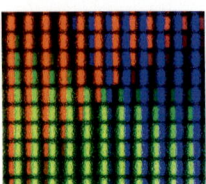

2 Bunte Leuchtstreifen

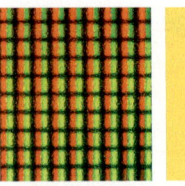

3 Rot + Grün: Farbeindruck Gelb

Farben auf dem Display • Unter dem Mikroskop sieht man auf dem Display des Handys bunte Leuchtstreifen. ➙ **2** Gelbe Streifen gibt es nicht. Dort, wo die gelbe Tasse auf dem Display zu sehen ist, leuchten rote und grüne Streifen. ➙ **3** Sie sind winzig und liegen so dicht zusammen, dass unser Auge benachbarte Streifen ohne Mikroskop nicht getrennt wahrnimmt. Rotes und grünes Licht „mischen" sich und ergeben für uns den Farbeindruck Gelb. Millionen weiterer Farbeindrücke entstehen, indem man die roten, grünen und blauen Streifen auf dem Display verschieden hell leuchten lässt.

> Wenn sich verschiedenfarbiges Licht mischt, entstehen neue Farbeindrücke.
> Wir sprechen von Farbaddition.

Farbaddition • Auf eine Fläche treffen rotes, grünes und blaues Licht. ➙ **4** Die Farbaddition ergibt:
- Rot + Grün = Gelb
- Rot + Blau = Magenta
- Grün + Blau = Cyan
- Rot + Grün + Blau = Weiß

Je mehr Licht dazukommt, desto heller erscheint der Bereich der Fläche. Leuchtstofflampen geben rotes, grünes und blaues Licht ab. ➙ **5** Die Farbaddition ergibt den Farbeindruck Weiß. Das Licht von der Sonne oder von Glühlampen enthält alle Farben. Die Farbaddition ergibt ebenfalls Weiß.

Körperfarben • Der gelbe Farbeindruck der „echten" Tasse entsteht anders als der gelbe Farbeindruck beim Display. Das weiße Licht der Umgebung ist aus vielen Farben zusammengesetzt. Wenn es auf die Tasse trifft, wird ein Teil des

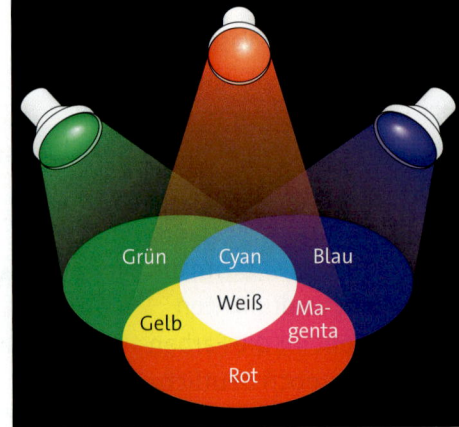

4 Farbiges Licht auf einer Fläche

5 Spektrum einer Leuchtstofflampe

Lichts von der Oberfläche der Tasse absorbiert („verschluckt"). Das nennt man Farbsubtraktion. Der andere Teil des weißen Lichts wird von der Tasse ge-
50 streut.

Die gelbe Tasse absorbiert blaues und violettes Licht. Sie streut gelbes, rotes und grünes Licht. → 6 Das rote und grüne Streulicht mischt sich mit dem
55 gestreuten gelben Licht zum Farbeindruck Gelb.

Eine rote Tasse streut nur rotes Licht und absorbiert alle anderen Farben des Lichts. → 7
60 Weiße Gegenstände streuen fast das gesamte einfallende Licht. → 8
Schwarze Gegenstände streuen fast kein Licht und absorbieren nahezu alle Farben. → 9

> Farbige Gegenstände absorbieren einige Farben des weißen Lichts. Dies nennt man Farbsubtraktion. Das restliche Licht wird gestreut. Das gestreute Licht ergibt zusammen den Farbeindruck des Gegenstands.

Gegenstände im farbigen Licht • Wenn Gegenstände mit farbigem Licht angestrahlt werden, dann erscheinen sie
75 oft in einer anderen Farbe als in weißem Licht. Farbiges Licht beinhaltet nur einen Teil des Farbenspektrums. Wird eine gelbe Tasse mit blauem Licht angestrahlt, so erscheint sie fast
80 schwarz, weil das blaue Licht von der Oberfläche absorbiert wird. → 10 Da andere Lichtanteile nicht vorhanden sind, trifft kaum Licht in unser Auge.

6 Gelbe Tasse

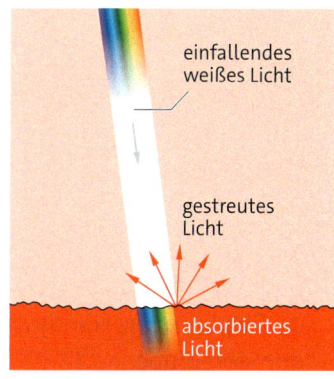

7 Rote Tasse

8 Weiße Oberfläche

9 Schwarze Oberfläche

Aufgaben

1 ▣ Nenne die Farben der Leuchtstreifen im Display eines Handys.

2 ▣ Gib an, wie die Farbeindrücke Magenta und Cyan entstehen. → 4

3 ▣ Beschreibe, was mit weißem Licht geschieht, das auf eine rote Tomate fällt.

4 ▣ Erkläre, welcher Farbeindruck entsteht, wenn eine gelbe Tasse mit rotem Licht angestrahlt wird.

10 Gelbe Tasse in weißem und in blauem Licht

Farben überall

Material A

Das Handy unter der Lupe

Materialliste: Stereolupe, Handy

1 ✏ Betrachtet das leuchtende Display eines Handys mit der Stereolupe. → [1]
a Stellt auf dem Display ein Bild mit großen weißen Stellen ein. Untersucht die weißen Stellen unter der Stereolupe. Skizziert eure Beobachtung.
b Untersucht auch farbige Stellen auf dem Display. Skizziert wieder.

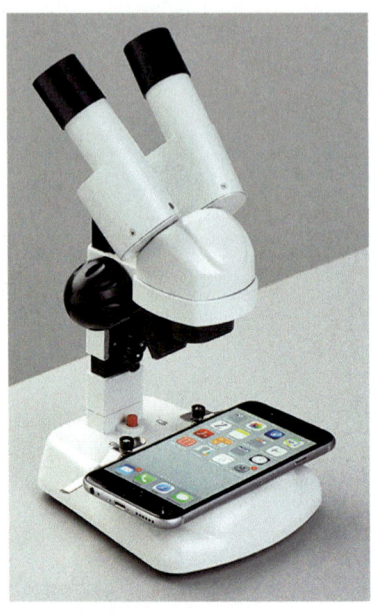

[1] Stereolupe und Handy

Material B

Farbiges Licht mischen

Materialliste: Taschenlampen oder Strahler mit rotem, blauem und grünem Licht

1 ✏ Richtet die Lampen auf eine weiße Wand (oder den Tisch). Ihre Lichtflecke sollen sich überlappen.
a Beobachtet die Farben auf der Wand genau. Gebt an, wie ihr die „neuen" Farben erzeugt.
b Erzeugt einen weißen Lichtfleck. Beschreibt, wie ihr vorgeht.

Material C

Farbiges Papier in weißem Licht

Ist weißes Licht noch weiß, nachdem es von farbigem Papier gestreut wurde?

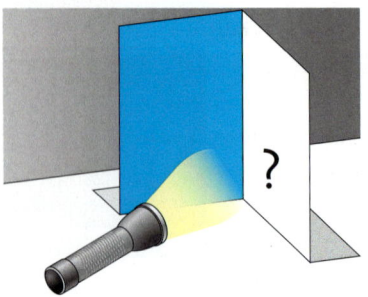

[2] Welche Farbe ist auf dem weißen Blatt zu sehen?

Materialliste: weißes Blatt Papier (dick); verschiedene farbige Blätter Papier (dick); Experimentierlampe oder Taschenlampe mit weißem Licht

1 Stellt das weiße Blatt Papier und ein farbiges Blatt Papier „über Eck" auf. → [2]
Tipp: Knickt die Blätter unten jeweils, damit ihr sie aufstellen könnt.
a ✏ Lasst nun das weiße Licht schräg auf das farbige Blatt Papier fallen. Leuchtet nahe in die Ecke – aber nach Mög-

lichkeit nur auf das farbige Blatt Papier.
Beschreibt, welche Farbe ihr nun auf dem weißen Papier seht.
b ✏ Tauscht das farbige Papier aus und beleuchtet es dann wieder wie zuvor. Beschreibt, was ihr diesmal beobachtet.
c ✏ Erklärt eure Beobachtungen. Was macht das farbige Papier mit dem weißen Licht? Benutzt bei eurer Erklärung die Wörter „streut" und „verschluckt" (oder „absorbiert").

Material D

Farbig beleuchtet

Materialliste: 3 Lampen mit rotem, blauem, grünem Licht

1 ⊠ Beleuchtet nacheinander mit je einer Lampe farbige Gegenstände im dunklen Raum. Notiert jeweils, welche Farben verschwinden.

Material E

Beleuchtung beim Einkauf

1 ⊠ Finde Argumente für und gegen farbige Beleuchtung im Supermarkt. → [3]

Fleisch beleuchtet man in vielen Supermärkten mit rötlichem Licht. Dann sieht es frisch und appetitlich aus. Helles, weißes Licht bringt Obst, Gemüse und Kühlprodukte zur Geltung. Backwaren strahlt man mit gelblichem Licht an.

3

Material F

Bunte Blumen?

1 ⊠ Der Blumenstrauß wurde erst mit weißem Licht und dann mit rein gelbem Licht beleuchtet. → [4] [5]

a Gib an, welche Blütenfarbe bei beiden Beleuchtungen fast gleich bleibt. Begründe.
b Erkläre, warum wir die lila Blüten im gelben Licht nicht mehr sehen.

[4] Blumen in weißem Licht   [5] Blumen in rein gelbem Licht

Material G

Blick durch farbige Folien

Materialliste: lichtdurchlässige Folien in verschiedenen Farben (z. B. von Heftumschlägen)

[6] Spektrum

1 Blicke durch die einzelnen Folien nacheinander auf das farbige Spektrum. → [6]
a ⊠ Notiere jeweils: → [7]
  • Welche Farben im Spektrum kannst du erkennen?
  • Welche Farben verschwinden?
b ⊠ Erkläre deine Beobachtungen.

Farbe der Folie	Erkennbare Farben	Verschwundene Farben
?	¿	!

[7] Beispieltabelle

Reflexion, Brechung und Farben

Zusammenfassung

Spieglein, Spieglein ... • Glatte Oberflächen lenken das Licht gerichtet um. Wir sprechen von Reflexion. Am Spiegel gilt das Reflexionsgesetz. ➙ 1 Spiegelbilder entstehen durch Reflexion

des Lichts. ➙ 2 Wir sehen das Trugbild in der Richtung, aus der das reflektierte Licht ins Auge fällt. Vom Trugbild selbst geht kein Licht aus.

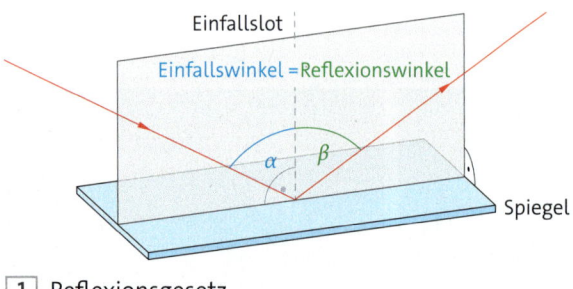

1 Reflexionsgesetz

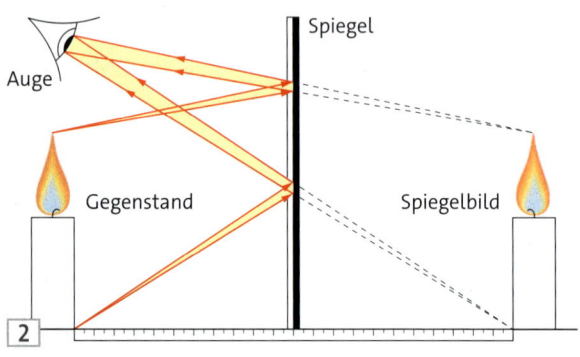

2

Licht lässt sich brechen • Licht wird gebrochen, wenn es von einem Stoff schräg in einen anderen übergeht. ➙ 3 Gegenstände unter Wasser sehen wir scheinbar angehoben. Wir sehen das

Trugbild in der Richtung, aus der das gebrochene Licht ins Auge fällt. ➙ 4
Beim Übergang aus Wasser oder Glas in die Luft kann es zur Totalreflexion kommen. ➙ 5

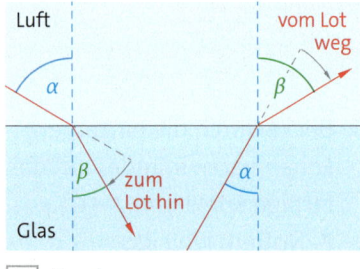

3 Brechung

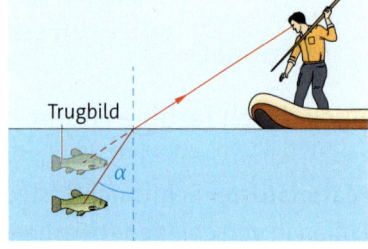

4 Optische Hebung

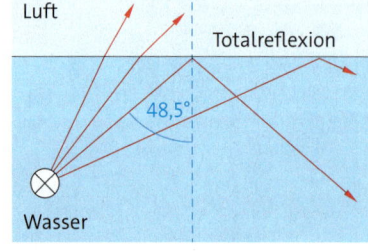

5 Totalreflexion in Wasser

Farben • Weißes Licht setzt sich aus farbigem Licht zusammen. ➙ 6 Durch Farbaddition entstehen neue Farbeindrücke. ➙ 7 Die Körperfarben ergeben sich aus dem Licht, das ein Körper streut. ➙ 8

6 Licht wird zerlegt.

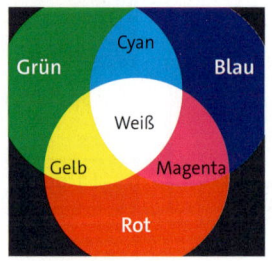

7 Farbaddition

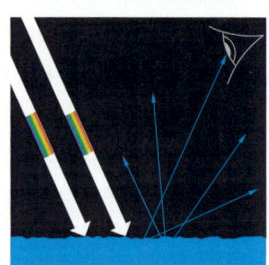

8 Farbsubtraktion

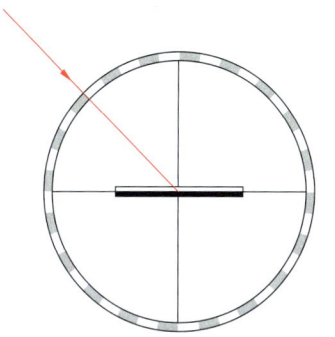

9 | Reflexion am Spiegel

10 | Labyrinth aus Spiegeln

11 | Abbieger

Spieglein, Spieglein ...

1 ☑ Licht fällt auf einen Spiegel. → 9 | Gib an, auf welchen Punkt (A, B oder C) das Licht reflektiert wird. Begründe deine Antwort.

2 ☒ Im Kasten sind mehrere Spiegel. → 10 Welchen Gegenstand (Auto, Blume oder Kerze) sieht die Person? Begründe deine Antwort.

3 ☒ Beim Blick in den Rückspiegel sieht der Fahrer ein blinkendes Auto. → 11 | In welche Richtung wird es abbiegen? Begründe.

Licht lässt sich brechen

4 ☒ Der Taucher will seinem Freund auf dem Boot ein Lichtsignal geben. → 12 | Welcher

Lichtstrahl gelangt in das Auge des Freunds? Begründe deine Antwort.

5 ☒ Auf welchen Punkt muss der Fischer den Speer werfen? → 13 | Begründe deine Antwort.

Farben

6 Weißes Licht trifft auf ein Glasprisma. → 14
a ☑ Erkläre den „Knick" im Licht.
b ☒ Erkläre, wie es zu dem bunten Streifen auf dem Tisch kommt.

7 ☑ Ergänze den Satz richtig: Ein Hemd sieht im Sonnenlicht weiß aus, weil:
• es schwarzes Licht absorbiert.
• es keine Spektralfarben streut.
• es alle Spektralfarben streut.

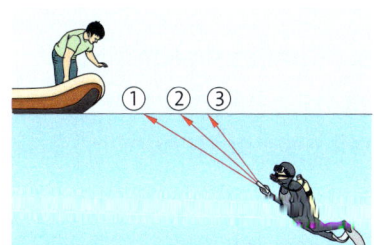

12 | Nur ein Lichtstrahl trifft.

13 | Wohin zielen?

14 | Brechung am Prisma

Wie wir sehen

Auge in Auge mit einem Nautilus: Dieser Tintenfisch hat einfachere Augen als wir – sie bestehen hauptsächlich aus einem Loch.

Auch unsere Augen haben ein Loch – und noch viel mehr. Im Auge entstehen Bilder, sonst könnten wir nicht sehen.

Brauchst du auch eine Brille? Ist die junge Frau weitsichtig oder kurzsichtig?

Löcher machen Bilder

1 Tonnenkamera

2 „Tonografie"

Material zur Erarbeitung: A

Diese Tonne macht Fotos! Durch ein kleines Loch fällt Licht ins Innere. An der Wand gegenüber entsteht ein Bild.

3 Das Bild hinter dem Loch

Das Bild hinter dem Loch • Dana hat ein
5 kleines Loch in eine Postkarte gebohrt. Sie hält die Karte zwischen ein Teelicht und eine Wand. Dort erscheint ein Bild der Flamme! → **3**
Das Bild steht auf dem Kopf. Je größer
10 das Loch in der Postkarte ist, desto unschärfer und heller ist das Bild.

So entsteht das Bild • Die Flamme sendet Licht geradlinig in alle Richtungen aus. Ein Teil davon geht durch das Loch
15 und erzeugt das Bild auf der Wand.

Wir zeigen mit farbigen Fäden, wie das Bild entsteht: → **4**
• Der gelbe Faden steht für das Licht von der Flammenspitze. Das Licht
20 geht durch das Loch und trifft unten auf die Wand.
• Der rote Faden steht für das Licht vom Fuß der Flamme. Dieses Licht trifft oben auf die Wand. Im Loch
25 kreuzen sich die beiden Fäden.
Wenn man von vielen Punkten der Flamme einen Faden durch das Loch spannt, formen die Auftreffpunkte auf der Wand das Bild der Flamme.

> Jeder Punkt der Flamme sendet Licht geradlinig durch das Loch. Jeder Punkt der Flamme erzeugt einen Lichtfleck auf der Wand. Alle Lichtflecke zusammen ergeben das umgedrehte Bild der Flamme. Das Bild ist umso heller und unschärfer, je größer das Loch ist.

Aufgaben

1 ⊠ Wie entsteht der Lichtfleck von der Flammenspitze auf der Wand? Beschreibe den Lichtweg. → **4**

2 Erkläre die folgenden Beobachtungen mit Fäden:
a ⊠ Das Bild der Flamme steht auf dem Kopf. → **3**
b ⊠ Im Bild der Flamme sind rechts und links vertauscht. Tipp: Verfolge das Licht von der linken und von der rechten Flammenseite durch das Loch hindurch.

4 Von der Flamme zum Bild – Fäden zeigen den Weg.

Material A

Ein Loch macht Bilder

Materialliste: Postkarte, weißer Karton, Teelicht, Alufolie, Kleber, Pinn-Nadel, Schere

1 Schneide ein Loch in Größe einer 1-Cent-Münze in die Postkarte. Gehe in einen dunklen Raum. Stelle das brennende Teelicht vor die Postkarte. ➡ 5
   🖼 Was siehst du auf dem weißen Papier? Beschreibe.

Gehe nicht zu nah an die Flamme heran.

5 cm | Post-karte | weißes Papier

2 Klebe das große Loch in der Postkarte mit Alufolie zu. Stich mit der Nadel ein kleines Loch in die Folie.
   🖼 Wie verändert sich das Bild im Vergleich zum großen Loch? Beschreibe deine Beobachtung.

3 Halte das Papier dicht hinter die Postkarte. Entferne es dann langsam. Wie verändert sich das Bild?
   🖼 Ergänze in deinem Heft. „Je weiter ich das Papier vom Loch entferne, desto ...“

Material B

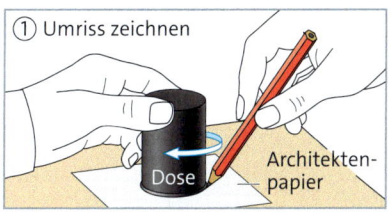
① Umriss zeichnen

② Papier bis zur Kreislinie einschneiden

③ Loch einstechen

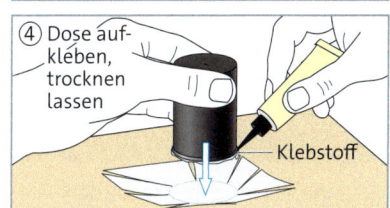
④ Dose aufkleben, trocknen lassen

⑤ Papier ankleben, Gummiband überstreifen

⑥ Mit der Röhre kannst du die Lochkamera draußen nutzen.

6 Bauanleitung für die Lochkamera

Deine eigene Lochkamera

Materialliste: schwarze Dose, Architektenpapier (6 cm · 6 cm), Flüssigkleber, Gummiband, Pinn-Nadel, Fotokarton, Schere

1 Baue die Lochkamera. ➡ 6

2 🖼 Beobachte eine Kerzenflamme mit der Lochkamera.
   a Nähere dich der Flamme auf 5 cm. Beschreibe die Form und Größe des Bilds.
   Achtung • Gehe nicht zu nah an die Flamme heran.
   b Entferne dich langsam von der Flamme. Beschreibe, wie sich das Bild ändert.
   c Schiebe die Kerzenflamme nach links, nach rechts und nach oben. Beobachte, wie sich das Bild verschiebt.
   d Fasse deine Beobachtungen in drei Sätzen zusammen.

3 🖼 Sieh dir im Sonnenlicht Bäume, Autos und Menschen mit der Lochkamera an. Beschreibe deine Beobachtungen. ➡ 7
   Achtung • Nicht direkt in die Sonne schauen!

Sammellinsen erzeugen scharfe Bilder

[1] Eine Kerze wird abgebildet – hell und scharf.

Sammellinsen • Die Sammellinse in der
Lupe erzeugt ein scharfes und helles
Bild. Das Bild steht auf dem Kopf und
ist seitenverkehrt. → [1]
Sammellinsen bestehen aus Glas oder
Kunststoff. Sie sind in der Mitte dicker
als am Rand.

Bildentstehung an der Sammellinse •
Von jedem Punkt des Teelichts geht
Licht aus. → [3] Wenn es auf die Sammellinse trifft, geht es meist nicht gerade durch. Die Linse bricht das Licht
so, dass es dahinter wieder in einem
Punkt zusammenläuft. Wir nennen ihn
Bildpunkt. Alle Bildpunkte zusammen
ergeben das helle und scharfe Bild.
Man kann es mit einem Schirm auffangen – aber nur in einem bestimm-
ten Abstand: in der Bildweite. Davor
und dahinter ist das Bild unscharf.

**Die Lupe erzeugt ein Bild an der Wand –
wie entsteht es?**

Lochkamera • Das Bild des Teelichts
entsteht in der Lochkamera aus vielen
Lichtflecken. Es ist hell, wenn das Loch
groß ist. Je größer das Loch aber ist,
desto mehr überlappen sich die Lichtflecke. Das Bild ist unscharf. → [2]

> Die Sammellinse führt das Licht von
> jeweils einem Gegenstandspunkt in
> einem Bildpunkt zusammen. Alle
> Bildpunkte zusammen ergeben das
> Bild des Gegenstands.
> Das Bild ist nur in einem bestimm-
> ten Abstand zur Sammellinse
> scharf. Wir nennen ihn Bildweite.

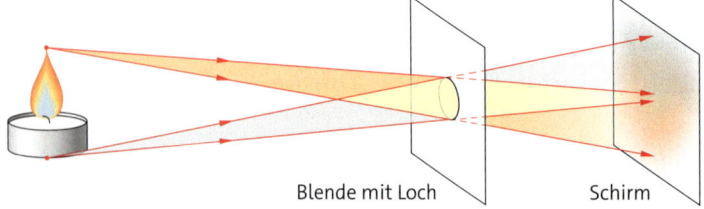

[2] Das große Loch erzeugt ein helles und unscharfes Bild.

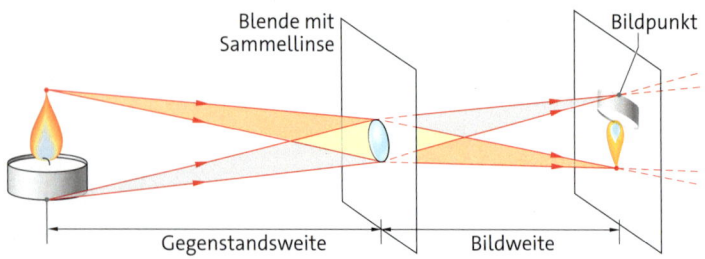

[3] Die Sammellinse erzeugt ein helles und scharfes Bild.

Aufgaben

1 ☒ Ergänze den Satz: „Licht geht
nicht geradlinig durch eine Sammellinse, sondern ...“

2 ☒ Erkläre, was du unter dem Begriff
Bildweite verstehst.

Material A

Bilder erzeugen – mit einer Lupe

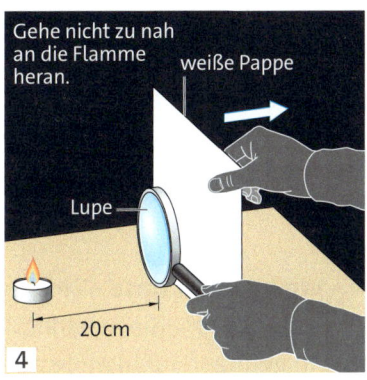

Gehe nicht zu nah an die Flamme heran.

weiße Pappe

Lupe

20 cm

4

Materialliste: Lupe, weiße Pappe, Teelicht, Feuerzeug

1 Halte die Lupe und die weiße Pappe rund 20 cm hinter die Flamme. → 4 Entferne die Pappe dann langsam immer weiter von der Lupe.
   ⊠ Beschreibe genau, was du auf der weißen Pappe beobachtest.

Material B

„Lichtknicker"

Materialliste: Taschenlampe, Lupe, Staub oder Nebel

1 Geht in einen dunklen Raum. Leuchtet mit der Taschenlampe auf die Lupe. **Achtung** • Blickt nicht in den Strahl der Taschenlampe! Macht den Lichtweg mit Staub oder Nebel sichtbar.
   ⊠ Beschreibt den Lichtweg.

Material C

Lochkamera – Linsenkamera

1 Die Bilder wurden mit einer Kamera aufgenommen – eines mit Sammellinse, das andere durch ein kleines Loch ohne Linse. → 5 6
a ⊠ Gib an, welches Bild mit Linse angefertigt wurde.
b ⊠ Begründe deine Zuordnung.

5

6

Material D

Bilder – nicht nur mit Sammellinsen

Materialliste: bauchiges Trinkglas, Wasser, große Glasmurmel, Kerze, Transparentpapier

7

1 ⊠ Probiere mit dem leeren und dem vollen Trinkglas Bilder auf der Wand zu erzeugen. → 7

2 Die Glaskugel erzeugt ein Bild der Umgebung. → 8
   ⊠ Untersuche mit Murmel, Kerze und Transparentpapier, wo das Bild entsteht.

8

Wo ist das Bild?

1 Das „Brennglas" ist eine Sammellinse.

Material zur Erarbeitung: A

Das scharfe Bild der Sonne entsteht in der kleinsten Bildweite.

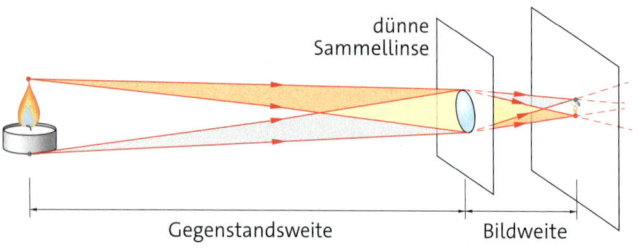

2 Teelicht fern: kleinste Bildweite

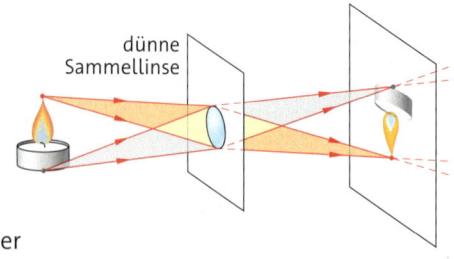

3 Teelicht nah:
Bildweite und Bild größer

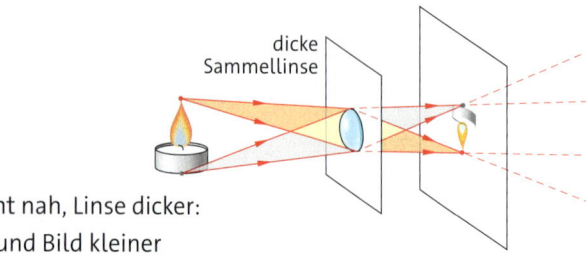

4 Teelicht nah, Linse dicker:
Bildweite und Bild kleiner

Bildweite – Gegenstandsweite • Wenn das Teelicht weit entfernt ist, ist die Bildweite am kleinsten. ➡ 2 Sie nimmt zu, wenn das Teelicht näher rückt. Das Bild wird größer. ➡ 3

Ferne Gegenstände werden nahe an der Sammellinse abgebildet. Wenn die Gegenstandsweite kleiner wird, nehmen die Bildweite und die Bildgröße zu.

Bildweite – Wölbung der Linse • Die stärker gewölbte Sammellinse bildet das Teelicht in geringerer Bildweite ab. ➡ 3 4 Der Grund dafür ist: Je stärker die Sammellinse gewölbt ist, desto stärker bricht sie das Licht. ➡ 5

Je stärker die Sammellinse gewölbt ist, desto kleiner ist die Bildweite.

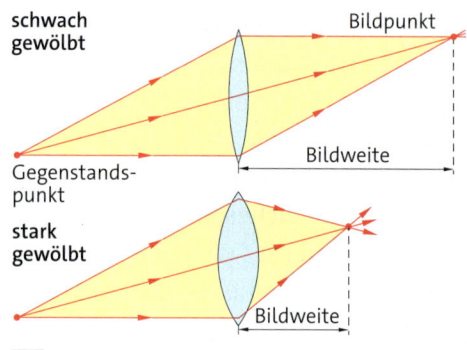

5 Verschieden gewölbte Sammellinsen

Aufgabe

1 ☑ Ein Teelicht wird weiter von einer Sammellinse entfernt. Gib an, wie sich die Bildweite und die Bildgröße verändern.

Material A

Wo entsteht das Bild?

Materialliste: Sammellinsen S_1 ($f=100$ mm), S_2 ($f=50$ mm), S_3 ($f=200$ mm), Teelicht, Meterstab, Schirm, Tonnenfüße

1 Wird die Bildweite kleiner, wenn ihr das Teelicht näher an die Linse rückt?
   ⊠ Stellt Vermutungen auf und notiert sie.

2 Stellt das Teelicht 50 cm vor die Sammellinse S_1. ➔ 6 Verschiebt den Schirm, bis das Bild scharf ist.

a ⊡ Messt die Bildweite und notiert den Messwert in einer Tabelle. ➔ 7
b ⊡ Beschreibt das Bild des Teelichts auf dem Schirm.

3 Schiebt das Teelicht von der Linse weg, soweit es geht.
   ⊡ Messt die Bildweite und notiert den Messwert.

4 Rückt das Teelicht in mehreren Schritten wieder näher an die Linse, bis ihr 10 cm Abstand erreicht habt.
   ⊡ Messt und notiert jeweils die Bildweiten.

5 ⊡ Beeinflusst die Dicke der Sammellinse die Bildweite?
a Fühlt mit den Fingern, wie unterschiedlich die Linsen S_1–S_3 gewölbt sind. Beschreibt eure Beobachtung.
b Stellt das Teelicht 50 cm vor die Sammellinse S_1. Stellt den Schirm auf das scharfe Bild ein. Messt und notiert die Bildweite.
c Führt Versuchsteil 5b jetzt mit der stärker gewölbten Sammellinse S_2 durch.
d Wiederholt Teil b mit der dünneren Sammellinse S_3.

6 ⊠ Beantwortet die Fragen aus Teil 1 und Teil 5.

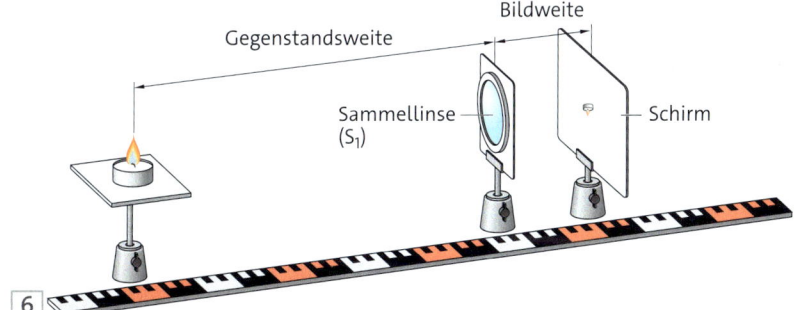

6

Sammel-linse	Gegen-standsweite	Bild-weite
S_1	50 cm	?
S_1	?	?
S_2	50 cm	?

7 Beispieltabelle

Material B

8

Unterschiedliche Sammellinsen und ihre Bilder

Materialliste: unterschiedlich gewölbte Sammellinsen

1 Die Sammellinsen erzeugen Bilder an der Wand. ➔ 8

a ⊡ Beschreibe und vergleiche die Bilder genau.
b ⊠ Welche Linse ist schwächer gewölbt? Begründe deine Antwort.

Im Auge entstehen Bilder

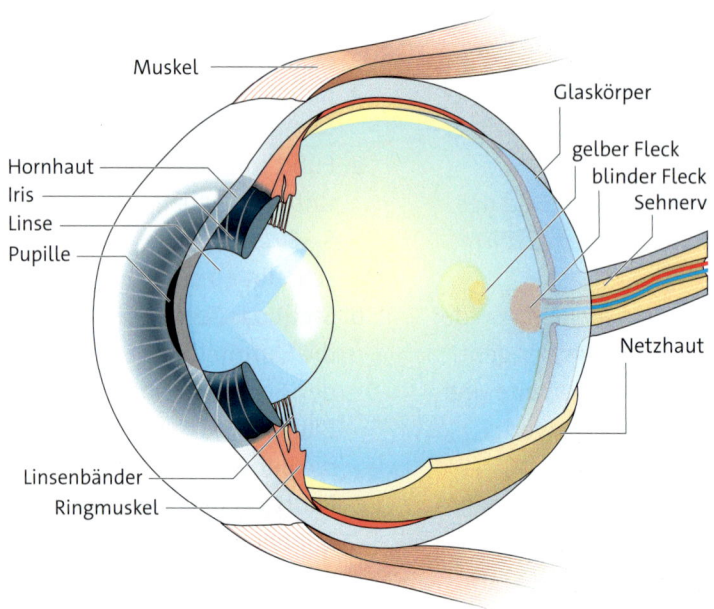

Muskel

Glaskörper

gelber Fleck
blinder Fleck
Sehnerv

Hornhaut
Iris
Linse
Pupille

Netzhaut

Linsenbänder
Ringmuskel

1 Schnittzeichnung des Auges

Material zur
Erarbeitung: A

**Sammellinsen gibt es auch in der Natur.
Unser Auge ist ein Beispiel dafür.**

Augenlinse • Licht von einem Gegenstand trifft erst auf die Hornhaut,
5 bevor es durch die Pupille auf die
Augenlinse fällt. Hornhaut und Augenlinse erzeugen durch Brechung des
Lichts gemeinsam das umgekehrte Bild
des Gegenstands auf der Netzhaut.

10 **Ferne und nahe Gegenstände •** Die
Augenlinse ist beim Blick auf einen
fernen Baum nur schwach gewölbt.
→ **2** Auf der Netzhaut entsteht das
scharfe Bild des Baums.
15 Wird auch die nahe Ameise scharf auf
der Netzhaut abgebildet? Erinnere
dich: Das Bild entsteht immer weiter
hinter der Linse, je näher der Gegenstand rückt. Der Abstand Netzhaut–
20 Augenlinse ist aber nicht veränderbar.
Wir sehen die Ameise trotzdem scharf,
weil sich die Augenlinse stärker wölbt.
Dadurch bricht sie das einfallende
Licht stärker. → **3** Das scharfe Bild
25 entsteht trotz geringer Entfernung des
Gegenstands auf der Netzhaut.

> Hornhaut und Augenlinse erzeugen
> zusammen ein Bild des Gegen-
> stands auf der Netzhaut.
> Zum Sehen naher Gegenstände
> wölbt sich die Augenlinse stärker.

Aufgabe

1 ☑ Nenne die Teile des Auges, die
das Bild auf der Netzhaut erzeugen.

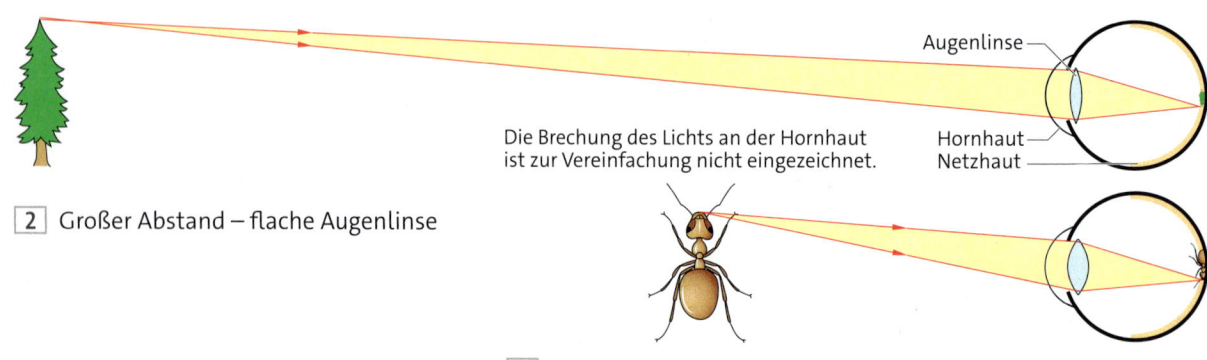

Augenlinse

Die Brechung des Lichts an der Hornhaut
ist zur Vereinfachung nicht eingezeichnet.

Hornhaut
Netzhaut

2 Großer Abstand – flache Augenlinse

3 Kleiner Abstand – stark gewölbte Augenlinse

Material A

Nah und scharf?

1 ▣ Messt die geringste Entfernung zwischen Auge und Blatt, in der ihr diesen Text gerade noch scharf erkennen könnt. → 4
a Vergleicht untereinander eure Messwerte.
b Geht mit dem Auge noch näher an das Buch heran. Beschreibt, wie ihr sehen könnt.

4

Material B

Schütze deine Augen!

Das Auge ist das wichtigste Sinnesorgan des Menschen.

1 Lest den Text und diskutiert ihn in der Gruppe. → 5
▣ Leitet Regeln zum Schutz der Augen ab.

2 Ihr findet auch in den Abschnitten „Sicherheit im Fachraum", „Licht und Schatten" sowie „Löcher machen Bilder" Hinweise zum Schutz der Augen. Seht euch außerdem die Bilder an. → 6 7
▣ Tragt die Hinweise zusammen und formuliert weitere Regeln für eure Liste.

Heutzutage sind viel mehr Kinder im Sehen beeinträchtigt als früher. Laut Untersuchungen werden Kinder, die am Tag viel im Freien spielen, seltener fehlsichtig als Gleichaltrige, die sich lange drinnen aufhalten und am Smartphone oder Computer sitzen. Der geringe Abstand der Augen zum Display und die künstliche Beleuchtung begünstigen das Auftreten von Fehlsichtigkeit.

5

6 Skibrille

7 Schweißer

Material C

Modell der Augenlinse

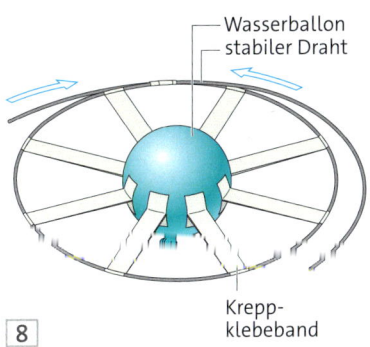

— Wasserballon
— stabiler Draht

Krepp-klebeband

8

Materialliste: fester, kleiner Luftballon (Wasserballon), stabiler Draht (30 cm), Kreppklebeband

1 So gehst du vor:
a Lege aus dem Draht einen Ring. Die Drahtenden sollen sich etwas überlappen, damit du sie verschieben kannst. → 8

b Blase den Luftballon faustgroß auf. Lege ihn in die Mitte des Drahtrings. Mit gleich langen Kreppbändern wird der Luftballon am Drahtring befestigt.
c ▣ Beschreibe, was passiert, wenn du die Drahtenden verschiebst.
d ▣ Ordne den Teilen des Auges die Teile des Modells zu.

Weitsichtig – kurzsichtig

[1] Thea ist kurzsichtig – eine Brille hilft ihr scharf zu sehen.

24 mm

Netz-haut

[2] Normal-sichtiges Auge

Warst du schon einmal zum Augentest bei einer Optikerin oder einem Optiker?

Normalsichtig • Normalsichtige sehen Nahes und Fernes gleich gut. Ihr Aug-
5 apfel ist von der Hornhaut bis zur Netz-haut etwa 24 mm lang. → [2]

Weitsichtig • Weitsichtige sehen Fernes scharf und Nahes unscharf. Ihr Aug-apfel ist zu kurz. → [3] Das Bild von
10 nahen Gegenständen auf der Netzhaut ist unscharf. Sammellinsen führen das Licht schon vor dem Auge etwas zu-sammen. Das Bild entsteht dadurch auf der zu nahen Netzhaut. → [4]

> Weitsichtige sehen nahe Gegen-stände unscharf. Brillen mit Sammellinsen helfen, scharfe Bilder auf der Netzhaut zu erzeugen.

Kurzsichtig • Kurzsichtige sehen Nahes
20 scharf und Fernes unscharf. Ihr Aug-apfel ist zu lang. → [5] Die Netzhaut liegt hinter der Bildweite. Die Bilder auf der Netzhaut sind daher unscharf. Kurzsichtige brauchen eine Brille mit
25 Zerstreuungslinsen. Diese Linsen sind in der Mitte dünner als am Rand. → [6] Sie lassen das Licht vor dem Auge mehr auseinanderlaufen. Das scharfe Bild entsteht daher erst auf der Netzhaut.

> Kurzsichtige sehen ferne Gegen-stände unscharf. Brillen mit Zerstreuungslinsen helfen, scharfe Bilder auf der Netzhaut zu erzeugen.

Aufgabe

1 ▸ Gib an, welcher Satz richtig ist:
a Kurzsichtige sehen Nahes scharf.
b Weitsichtige sehen Nahes scharf.

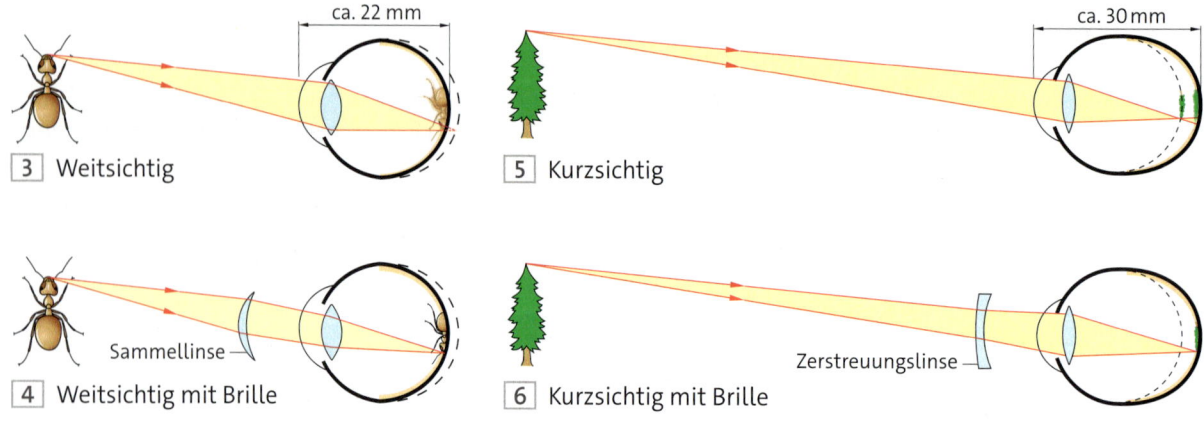

ca. 22 mm

[3] Weitsichtig

[5] Kurzsichtig

ca. 30 mm

Sammellinse

[4] Weitsichtig mit Brille

Zerstreuungslinse

[6] Kurzsichtig mit Brille

Material A

Kurzsichtig – weitsichtig

Kurzsichtige brauchen Brillen mit Zerstreuungslinsen. Untersuche das im Modellversuch: Die Sammellinse entspricht dabei der Augenlinse, der Schirm entspricht der Netzhaut. → 7

Materialliste: Zerstreuungslinse, Sammellinse, Tonnenfüße, Kerze, Schirm, Meterstab

1 Stelle die Zerstreuungslinse dicht vor die Sammellinse.
a ☒ Verschiebe den Schirm, bis das Bild der Kerze scharf ist. Miss die Bildweite.

b ☒ Nimm die Zerstreuungslinse weg. Beschreibe das Bild auf dem Schirm.
c ☒ Verschiebe den Schirm wieder, bis das Bild scharf ist. Der Aufbau entspricht jetzt einem „normalsichtigen" Auge. Miss wieder die Bildweite.
d ☒ Vergleiche: Ist das normalsichtige Auge kürzer als das kurzsichtige?

2 ☒ Weitsichtige brauchen Brillen mit Sammellinsen. Plane einen Modellversuch dazu und führe ihn durch.

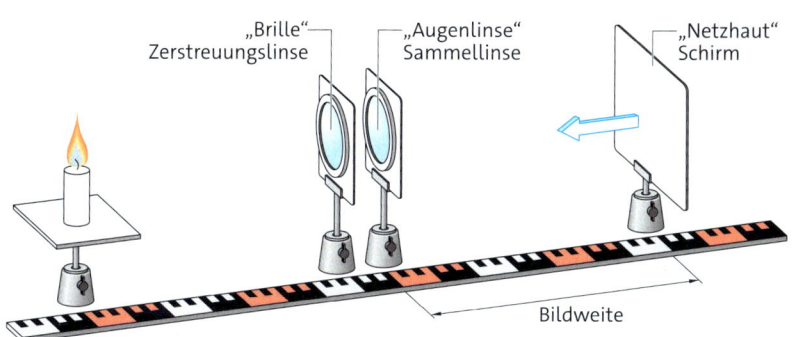

7 Modellversuch zum kurzsichtigen Auge

Material B

Sammellinsen – Zerstreuungslinsen

1 ☒ Ordne die Linsen in Sammellinsen und Zerstreuungslinsen. → 8 Begründe deine Zuordnung.

2 ☒ Ordne die Bilder den Linsentypen zu. → 9 10 Begründe deine Zuordnung. Tipps: Achte auf die Form der Linsen in den Bildern und darauf, wie das Licht gebrochen wird.

3 ☒ Gib an, welche Linse den Personen beim scharfen Sehen hilft:
• kurzsichtigen Menschen
• weitsichtigen Menschen

① ② ③

8

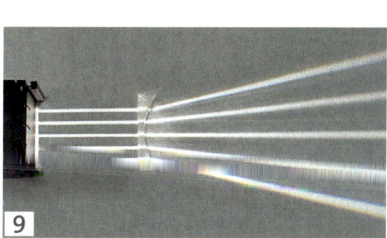

9

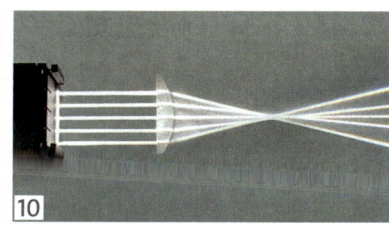

10

Das Gehirn bestimmt, was wir sehen

1 | Seht ihr alle das Gleiche?

Mal siehst du zwei Köpfe, mal einen Pokal. Auf deiner Netzhaut ist aber beide Male dasselbe Bild!

Auge und Gehirn • Das Netzhautbild
5 der Blume steht auf dem Kopf. → 2
Wir sehen die Welt aber aufrecht. Das Gehirn „betrachtet" das Netzhautbild nämlich nicht einfach wie ein Foto. Vielmehr wertet es die Signale aus, die
10 über den Sehnerv von der Netzhaut kommen. Dabei spielt die Erfahrung eine große Rolle. Unsere Erfahrung ist, dass eine Blume aufrecht steht. Das Gehirn schließt deshalb aus dem

15 umgekehrten Netzhautbild auf einen aufrecht stehenden Gegenstand. Manchmal erkennt dein Gehirn zwei verschiedene Dinge an derselben Stelle. → 1 Es deutet dann dasselbe
20 Netzhautbild mal als Pokal und mal als Köpfe.

Räumliches Sehen • Wir haben zwei Augen — warum sehen wir nicht alles doppelt? Peile mit dem Daumen ein
25 Ziel an. → 3 Halte erst das rechte, dann das linke Auge geschlossen. Du erkennst, dass sich der Daumen an verschiedenen Stellen vor dem Hintergrund befindet. Unser Gehirn erzeugt
30 aus dem Unterschied der Netzhautbilder einen räumlichen Seheindruck.

> Der Seheindruck von unserer Umgebung entsteht erst im Gehirn.

3 | Linkes Auge offen – rechtes Auge offen

Aufgaben

1 ☒ Wir sehen Dinge aufrecht, obwohl ihr Netzhautbild auf dem Kopf steht. Erkläre dies.

2 ☒ Erkläre, weshalb wir nicht alles doppelt sehen.

2 | Aufrechte Blume – umgekehrtes Bild

Material A

Vertrackte Farben

1 Die Farbnamen haben es in sich. → [4]

a ☒ Lies nicht die Wörter vor, sondern nenne laut und möglichst schnell die Farben, in denen sie gedruckt sind.

b ☒ Fünfjährige haben keine Schwierigkeiten mit dieser Aufgabe. Erkläre den Unterschied.

[4] **Blau Grün Rot Gelb Blau Gelb Grün Rot Blau Weiß Schwarz Weiß Gelb**

Material B

Mit zwei Augen sehen

Materialliste: Papier, Stift, leere Flasche

1 Schließe ein Auge und halte eine Röhre aus Papier vor das andere Auge. → [5] Schaue durch die Röhre in die Ferne. Öffne dann auch das zweite Auge.
a ☒ Beschreibe, was du siehst.
b ☒ Erkläre deine Beobachtung.

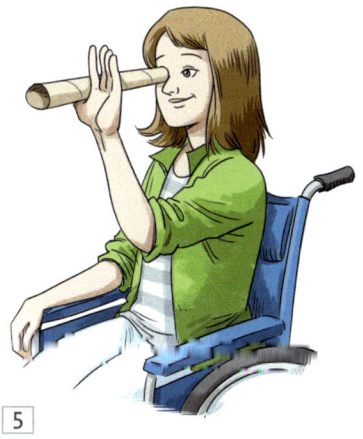
[5]

2 Eine leere Flasche steht auf dem Tisch. Stecke von oben einen Stift hinein – halte dabei aber ein Auge geschlossen. Überprüfe mit beiden Augen, warum es nicht gleich gelingt.
☒ Erkläre den Unterschied.

3 Stelle dich ans Fenster. Bei gestreckten Armen sollen sich die Spitzen der Zeigefinger berühren. → [6] Blicke nicht auf die Finger, sondern über sie hinweg zum Himmel. Ziehe dann die Fingerspitzen etwas auseinander.
☒ Beschreibe, was du siehst.

[6]

Material C

Lass dich täuschen!

1 ☒ Folge den Hinweisen an den Bildern und beschreibe deine Seheindrücke.
→ [7] [8]

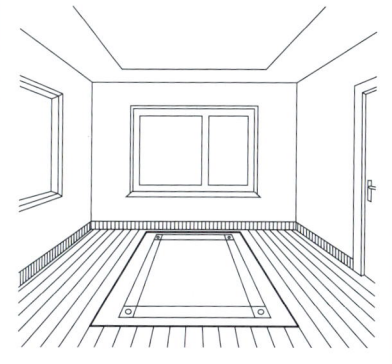

[7] Ist die Zimmerwand im Hintergrund breiter als die Vorderkante des Teppichs? Miss nach!

[8] Krumm und schief? Prüfe es.

Wie wir sehen

Zusammenfassung

Löcher machen Bilder • Hinter dem Loch wird zu jedem Gegenstandspunkt ein Lichtfleck erzeugt. Alle Lichtflecke zusammen ergeben das umgekehrte Bild. → 1

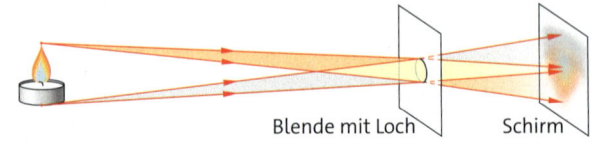

Blende mit Loch   Schirm

1 Großes Loch: Das Bild ist hell und unscharf.

Sammellinsen erzeugen scharfe Bilder • Die Sammellinse führt das Licht von je einem Gegenstandspunkt in einem Bildpunkt zusammen. → 2 Alle Bildpunkte zusammen ergeben das helle und scharfe Bild in der Bildweite.

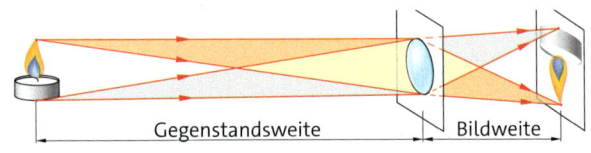

Gegenstandsweite   Bildweite

2 Sammellinse: Das Bild ist hell und scharf.

Wo ist das Bild? • Ferne Gegenstände werden nah an der Sammellinse abgebildet. → 3 Wenn die Gegenstandsweite kleiner wird, nehmen Bildweite und Bildgröße zu. Je stärker die Sammellinse gewölbt ist, desto kleiner ist die Bildweite.

Die Gegenstandsweite nimmt ab.

Bildweite und Bildgröße nehmen zu.

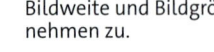
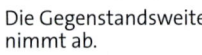

3 Gegenstandsweite und Bildweite

Im Auge entstehen Bilder • Die Hornhaut und die veränderbare Augenlinse wirken wie eine Sammellinse. Sie bilden nahe und ferne Gegenstände scharf auf der Netzhaut ab. → 4 Das Gehirn erzeugt aus den Netzhautbildern den Seheindruck.

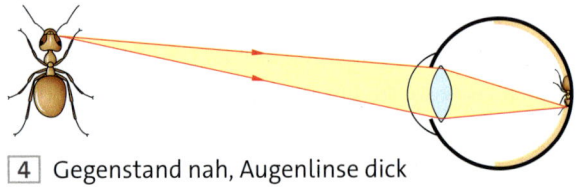

4 Gegenstand nah, Augenlinse dick

Weitsichtig • Weitsichtige sehen nahe Gegenstände unscharf. Brillen mit Sammellinsen bewirken, dass das scharfe Bild schon auf der zu nahen Netzhaut entsteht. → 5

Kurzsichtig • Kurzsichtige sehen ferne Gegenstände unscharf. Brillen mit Zerstreuungslinsen bewirken, dass das scharfe Bild erst auf der zu weit entfernten Netzhaut entsteht. → 6

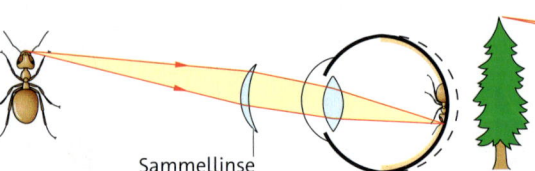

Sammellinse

5 Korrektur der Weitsichtigkeit

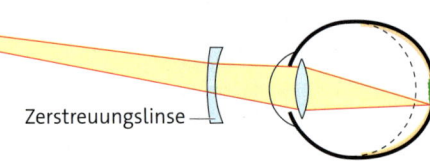

Zerstreuungslinse

6 Korrektur der Kurzsichtigkeit

Blende mit kleinem runden Loch

7

8

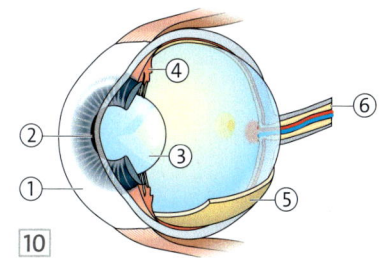

10

Löcher machen Bilder

1 Bild hinter einer Lochblende → 7

a ☑ Gib die richtige Aussage an.
Das Bild auf dem Schirm:
  • ist ein runder Lichtfleck.
  • hat die Form einer Flamme.
  • hat die Form einer kopfstehenden Flamme.

b ☒ Das Bild der Flamme soll größer werden. Gib an, wie man die Lochblende verschieben muss.

Sammellinsen erzeugen scharfe Bilder

2 ☒ Beurteile das Regentropfenfoto: → 8
  • Das ist eine Fotomontage mehrerer Bilder.
  • Das Foto ist bearbeitet: Der Baum ist verzerrt.
  • Das Foto steht auf dem Kopf.
  • Das Foto steht richtig herum.

Wo ist das Bild?

3 ☒ Das Licht von einer weit entfernten Lampe wird von einer stark gewölbten Sammellinse zusammengeführt. → 9

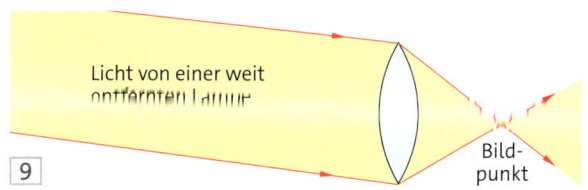

Licht von einer weit entfernten Lampe

Bild-punkt

9

a Skizziere das Gleiche für eine schwach gewölbte Sammellinse.
b Ergänze: Je schwächer eine Sammellinse gewölbt ist, desto ◈ ist die Bildweite.

Im Auge entstehen Bilder

4 ☑ Ordne den Teilen des Auges die Zahlen im Bild zu: → 10 Netzhaut, Hornhaut, Ringmuskel, Sehnerv, Augenlinse, Pupille.

5 ☒ Du siehst erst den fernen Kalender scharf und dann die nahe Rose. → 11 12 Beschreibe, wie sich deine Augenlinse dabei verändert.

Weitsichtig – kurzsichtig

6 Stephan ist kurzsichtig. Er trägt eine Brille.
a ☑ Ergänze: Kurzsichtige sehen ◈ Dinge scharf. ◈ Dinge sehen sie unscharf.
b ☑ Benenne die Linsen in Stephans Brille.
c ☒ Beschreibe, wie die Brille funktioniert.
d ☒ Löse die Aufgaben a–c für Weitsichtige.

11

12

Elektrizität im Alltag

Modellautos brauchen elektrischen Strom, um im Kreis fahren zu können. Wie muss der Stromkreis aufgebaut sein, damit die kleinen Flitzer starten können?

Zum Kuchenbacken oder Sahne-
schlagen benutzen wir heute
einen elektrischen Mixer.
Wie war das Leben früher ohne
elektrische Geräte?

Elektrischer Strom bringt Lampen
zum Leuchten. Welche Wirkungen
hat elektrischer Strom noch?

Geräte verändern unser Leben

1 So lebte man um 1900 ohne Elektrizität.

**Geräte sind schon seit Langem „Diener"
des Menschen. Was hat sich durch die
technische Entwicklung verändert?**

Das Leben heute • Du drückst auf den
5 Lichtschalter – und schon ist es hell.
Der Wasserkocher wird mit Wasser gefüllt und nach wenigen Minuten kocht
das Wasser. Ein Mixer stellt in kürzes-
ter Zeit Schlagsahne her. Schmutzige
10 Wäsche legt man in die Waschmaschine – und nach einer Stunde ist
sie sauber. Das war nicht immer so.

Das Leben früher • Um das Jahr 1900
wurde abends beim Schein einer Petro-
15 leumlampe gelesen oder Hausmusik
gemacht. Radios und Fernseher waren
noch nicht erfunden. Zum Bügeln
wurde glühende Holzkohle in Bügeleisen gefüllt oder eine Eisenplatte mit

20 Handgriff erhitzt. Wasser musste auf
einem Kohlenherd erwärmt werden.
Sahne wurde mühsam mit einem
Schneebesen geschlagen.

> Maschinen und Geräte erleichtern
> unseren Alltag. Heute werden viele
> dieser Geräte mit elektrischem
> Strom betrieben.

Aufgabe

1 ☑ Lege eine Tabelle an. → **2** Stelle
in ihr Tätigkeiten von 1900 und
Tätigkeiten von heute zusammen.

Tätigkeit	
1900	heute

2 Beispieltabelle

Material A

Sahne schlagen wie früher

Materialliste: pro Gruppe
1 Becher Sahne, 1 Stoppuhr,
1 große Schüssel, Schnee-
besen, mechanischer
Handmixer, elektrischer
Handmixer

1 Bildet mehrere Gruppen.
Jede Gruppe füllt flüssige
Sahne in eine Schüssel.
Stellt durch schnelles
Rühren Schlagsahne her.
Messt die Zeit, die ihr dafür
benötigt, und notiert sie.

Je eine Gruppe benutzt:
• den Schneebesen ➔ 3
• den mechanischen Mixer
  ➔ 4
• den elektrischen Mixer

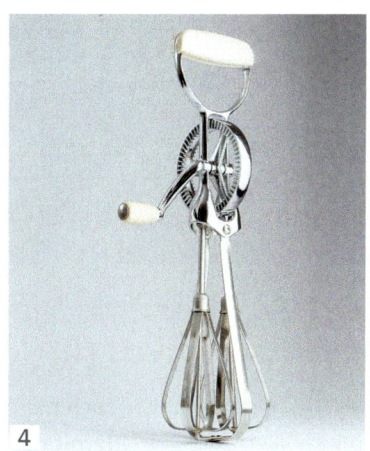

4

2 ☒ Nennt Vor- und Nachteile
der drei Methoden zur Her-
stellung von Schlagsahne.

3 ☒ Beschreibt Situationen, in
denen ihr den Schneebesen
benutzen würdet.

Material B

Ein Leben ohne elektrische Geräte

Stelle dir vor, du müsstest
einen Tag ohne elektrische
Geräte verbringen.

1 ☒ Betrachte das Bild. ➔ 5
a Nenne alle elektrischen
  Geräte.
b Gib an, welche elektrischen
  Geräte sich durch Geräte er-
  setzen lassen, die nicht elek-

trisch sind. Lege dazu eine
Tabelle im Heft an. ➔ 6

Elektrisches Gerät	ersetzbar durch
Staubsauger	?

6 Beispieltabelle

2 ☒ Schreibe eine Geschichte
für die Schülerzeitung.
Beschreibe deinen Tages-
ablauf ohne Smartphone,
Stereoanlage, PC, elektrische Beleuchtung ...
Welche Schwierigkeiten
erwartest du? Könnte es
auch Vorteile geben?

5

So funktioniert ein Stromkreis

1 Waschmaschine

Die Waschmaschine ist eingeschaltet, doch nichts passiert. Was ist zu tun, damit die Maschine läuft?

Einfache Stromkreise • Mit einfachen
5 Stromkreisen kennst du dich bereits
aus. Vielleicht hast du schon einmal
ein Lämpchen an eine Batterie angeschlossen. Für einen Stromkreis
braucht man immer eine Elektrizitäts-
10 quelle und ein elektrisches Gerät wie
zum Beispiel eine Lampe oder einen
Elektromotor. ➡ **2** Alle elektrischen

Geräte haben zwei Kontakte. Kabel ver-
binden sie mit der Elektrizitätsquelle.
15 Mit einer Batterie und zwei Kabeln
kannst du also eine Lampe leuchten
oder einen Elektromotor laufen lassen.

Geschlossener Stromkreis • Wenn du
einen einfachen Stromkreis aufgebaut
20 hast, dann fahre mit einem Finger vom
Minuspol der Batterie am Kabel ent-
lang zur Lampe und am anderen Kabel weiter. ➡ **2** So kommst du wieder
zur Batterie zurück. Wir sprechen von
25 einem geschlossenen Stromkreis –
auch wenn die Schaltung nicht wie
ein Kreis aussieht.

Unterbrochener Stromkreis • Die Lampe
leuchtet nicht mehr, wenn auch nur
30 eine Verbindung im Stromkreis unterbrochen ist. Das ist zum Beispiel der
Fall, wenn ein Schalter geöffnet wird
oder der Glühdraht in der Lampe zer-
rissen ist. ➡ **3**

> Glühlampen, Elektromotoren und
> andere elektrische Geräte funktio-
> nieren nur, wenn sie einen geschlos-
> senen Stromkreis mit der Elektrizi-
> tätsquelle bilden.
> Jeder Anschluss des Geräts muss
> mit einem Pol der Elektrizitäts-
> quelle verbunden sein.

Schaltpläne • Stromkreise werden
einfach und übersichtlich als Schalt-
45 pläne gezeichnet. ➡ **4** **5**
Schaltzeichen stehen dabei für die
Elektrizitätsquelle, die Kabel sowie
die elektrischen Geräte. ➡ **8**

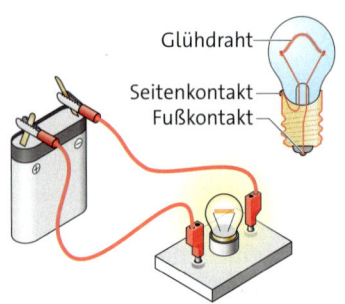

Glühdraht
Seitenkontakt
Fußkontakt

2 Geschlossener Stromkreis

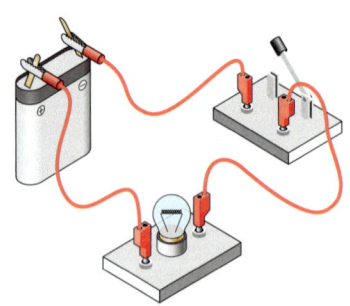

3 Unterbrochener Stromkreis

4 Schaltplan zu Bild 2

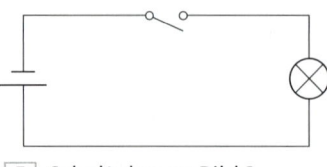

5 Schaltplan zu Bild 3

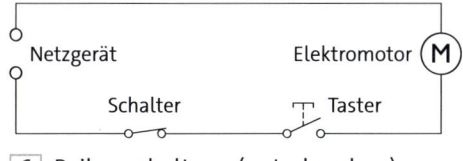

| 6 | Reihenschaltung (unterbrochen) |

Reihenschaltung • Die Schaltung für
50 den Elektromotor der Waschmaschine
ist komplizierter. → 6 Der Motor läuft
nur, wenn der Schalter am Gerät *und*
der Taster in der Tür gedrückt werden.
Die Tür der Waschmaschine muss also
55 noch geschlossen werden.

Parallelschaltung • Wenn mehrere
elektrische Geräte an eine Batterie angeschlossen werden und unabhängig
voneinander funktionieren sollen,
60 wählt man eine Parallelschaltung.
Jedes Gerät wird einzeln an die Batterie angeschlossen und bildet einen
eigenen Stromkreis. → 7

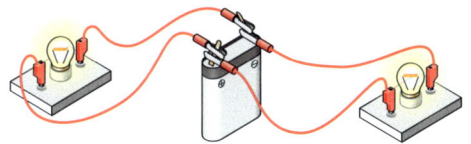

| 7 | Parallelschaltung von Lampen |

Aufgaben

1 ◪ Zeichne den Schaltplan für einen
Stromkreis aus Batterie, Motor,
Schalter und Kabeln.

2 ◪ Zwei Lampen sind gleichzeitig an
eine Batterie angeschlossen. Dafür
gibt es zwei Möglichkeiten. Zeichne
die Schaltpläne.

Bauteil	Zeichnung	Schaltzeichen
Batterie		Minuspol Pluspol
Netzgerät (Elektrizitätsquelle)		
Kabel (Leitung)		
Schalter (geöffnet)		
Taster (EIN-Taster)		
Glühlampe		
Elektromotor		M
Klingel		

| 8 | Schaltzeichen |

So funktioniert ein Stromkreis

Achtung • Die folgenden Versuche sind mit Batterien oder Netzgeräten für Schüler-versuche ungefährlich.
Aber:
• Führe niemals Versuche direkt mit der Steckdose als Elektrizitätsquelle durch!
• Bastle nie an Elektrogeräten herum!
Sonst besteht Lebensgefahr!

Elektriker/-innen und Elektroniker/-innen sind für das sichere Aufbauen und Reparieren von Stromkreisen und Geräten ausgebildet, die an die Steckdose angeschlossen werden.

Material A

Geschlossener Stromkreis

Materialliste: Batterie (4,5 V), Schalter, Taster, Lampe (6 V; 2,4 W), Kabel, Krokodilklemmen

1 Baue mit der Flachbatterie, der Lampe und den Kabeln jeweils einen geschlossenen Stromkreis auf: → 1
• ohne Schalter
• mit einem Schalter
• mit einem Taster
☒ Beschreibe, wie sich die Funktion der Schaltungen unterscheidet.

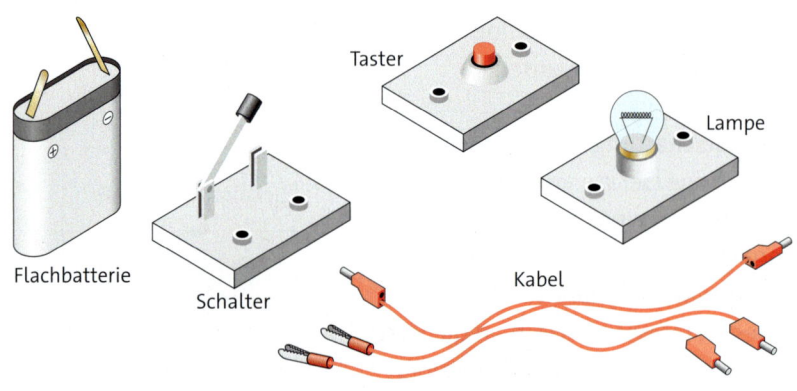

Taster · Lampe · Flachbatterie · Schalter · Kabel

1 Materialien für einen einfachen Stromkreis

Material B

Die Waschmaschinen-schaltung

Eine Waschmaschine läuft nur, wenn ihr Schalter auf EIN ge-stellt ist und der Taster von der Tür hereingedrückt wird.

1 ☒ Wann soll die Wasch-maschine laufen? → 2
Ergänze die Funktions-tabelle in deinem Heft.

Materialliste: Batterie (4,5 V), Schalter, Taster, Motor, Kabel

2 ☒ Baue die Schaltung auf. Der Motor steht für die Waschmaschine.

3 ☒ Überprüfe, ob die Schal-tung so funktioniert wie in der Funktionstabelle.

4 ☒ Zeichne den Schaltplan.

Schalter am Gerät	Taster an der Tür	Waschmaschine
aus (offen)	nicht gedrückt	?
aus (offen)	gedrückt	?
ein (geschlossen)	nicht gedrückt	?
ein (geschlossen)	gedrückt	?

2 Funktionstabelle

Material C

3 | Eine Wohnung – zwei Klingelknöpfe

Die Türklingelschaltung

Die Türklingel in einer Wohnung läutet, wenn der Taster an der Haustür oder der Taster an der Wohnungstür gedrückt wird. → 3

1 ☑ Überlege, wann die Klingel läuten soll. → 4 Ergänze die Funktionstabelle in deinem Heft.

Materialliste: Batterie (4,5 V) oder Netzgerät (6 V), 2 Taster, Lampe (6 V; 2,4 W), Kabel

2 ☒ Baue die Türklingelschaltung auf. Die Lampe ersetzt die Klingel. Überprüfe, ob die Schaltung so funktioniert wie in der Tabelle. Tipp: Jeder Taster bildet mit der Lampe und der Batterie einen eigenen Stromkreis.

3 ☒ Zeichne den Schaltplan.

Taster 1 (Haustür)	Taster 2 (Wohnungstür)	Klingel
nicht gedrückt	nicht gedrückt	?
nicht gedrückt	gedrückt	?
gedrückt	nicht gedrückt	?
gedrückt	gedrückt	?

4 | Funktionstabelle

Material D

Auf Fehlersuche

1 Nicht jede der abgebildeten Schaltungen funktioniert.
→ 5 – 8
a ☑ Nenne die fehlerhaften Schaltungen.
b ☒ Begründe, warum diese Schaltungen nicht funktionieren.

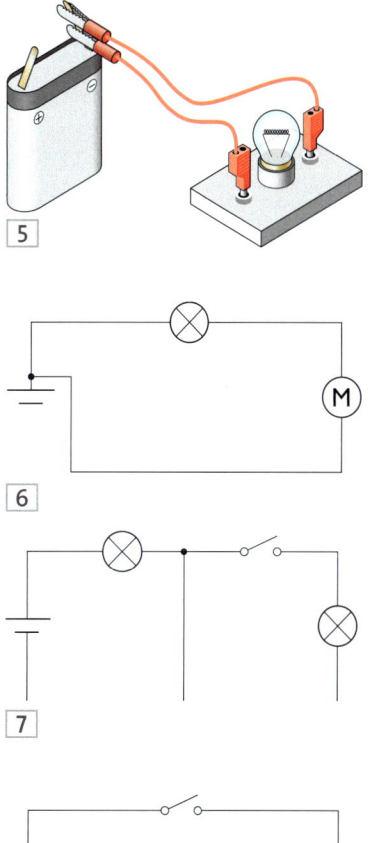

5

6

7

8

Nicht alles leitet

1 Kabel kaputt – was nun?

Materialien zur Erarbeitung: A–B

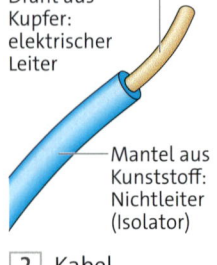

Draht aus Kupfer: elektrischer Leiter

Mantel aus Kunststoff: Nichtleiter (Isolator)

2 Kabel

Warum besteht ein Kabel innen aus Metall, außen aus Kunststoff?

Elektrische Leiter • Viele Kabel haben innen einen Draht aus Kupfer. → 2
5 Metalle leiten elektrischen Strom gut. Kupfer und Silber gehören zu den besten Leitern.

| Alle Metalle sind elektrische Leiter.

Elektrische Nichtleiter • Der Mantel des 10 Kabels schützt uns vor elektrischem Strom. Denn Kunststoffe leiten den elektrischen Strom nicht. Auch Glas, Holz oder Kork leiten den elektrischen Strom praktisch nicht. Sie alle sind 15 Nichtleiter.

| Kunststoffe, Glas, Holz, Gummi oder Kork sind elektrische Nichtleiter (Isolatoren).

Achtung • Fasse nie ein beschädigtes 20 Kabel an, das an eine Steckdose angeschlossen ist: Lebensgefahr! → 3 Lass beschädigte Kabel von einer Fachkraft (Elektriker/-in) reparieren.

Flüssigkeiten • Öl und destilliertes 25 Wasser sind Nichtleiter. Manche Flüssigkeiten sind Leiter: Dazu gehören Limonade, Essig und Salzwasser.

Mensch • Unser Körper besteht zu zwei Dritteln aus salzhaltigem Wasser.

| Unser Körper leitet elektrischen Strom. Bei Stromunfällen mit der Steckdose besteht Lebensgefahr.

Maßnahmen beim Stromunfall

- Unterbrich als Erstes den Stromkreis. Drücke dazu den Not-AUS-Schalter oder schalte die Sicherung aus.
- Fasse den Verunglückten auf keinen Fall vorher an – sonst fließt der Strom auch durch dich!
- Rufe den Notarzt bzw. den Rettungswagen (112).
- Bei Atemstillstand sind Maßnahmen zur Wiederbelebung erforderlich: Atemspende, Herzdruckmassage (Defibrillator).

3 Falls es doch zu einem Stromunfall kommt

Aufgaben

1 ☑ Nenne jeweils drei Stoffe, die
a elektrischen Strom leiten.
b elektrischen Strom nicht leiten.

2 ☑ Unser Körper ist ein elektrischer Leiter. Nenne den Grund dafür.

3 ☒ Erkläre, warum Kabel aus Draht und Kunststoffmantel bestehen.

Material A

Leitungstester für feste Stoffe

Materialliste: 3 Kabel, Batterie (4,5 V), Glühlampe (6 V; 2,4 W), Testgegenstände

1 Baue den Leitungstester auf. → 4 Überbrücke dann die „Leitungslücke" nacheinander mit Gegenständen. Wenn die Lampe aufleuchtet, leitet der Stoff, aus dem der Gegenstand besteht, den elektrischen Strom gut.

a 🖉 Notiere die Ergebnisse in einer Tabelle. → 5

b 🖉 Schreibe jeweils in einer Liste auf, welche Stoffe den elektrischen Strom gut leiten und welche nicht.

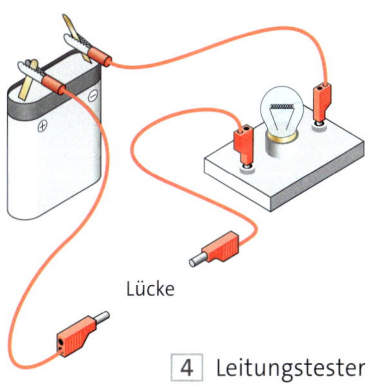

Lücke

4 Leitungstester

Gegenstand	leitet?	Stoff
Schere	ja	Stahl
?	?	?

5 Beispieltabelle

Material B

Leitungstester für Flüssigkeiten

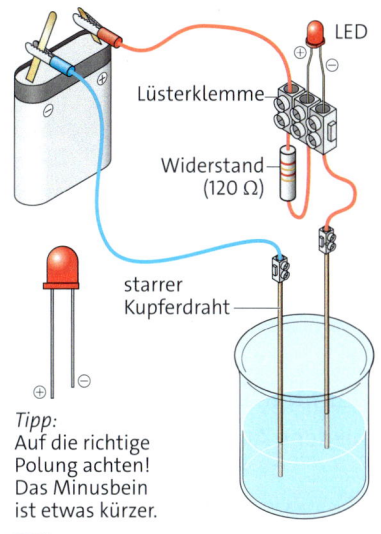

LED
Lüsterklemme
Widerstand (120 Ω)
starrer Kupferdraht

Tipp:
Auf die richtige Polung achten! Das Minusbein ist etwas kürzer.

6 Leitungstester

Gegenstand	leitet gut
Speiseöl	?

7 Beispieltabelle

Materialliste: biegsamer Kupferdraht, starrer Kupferdraht (oder Metallstricknadeln), Batterie (4,5 V), LED-Lampe (5 mm, 20 mA), Widerstand (120 Ω), Lüsterklemmen, Becherglas; Testflüssigkeiten: Speiseöl, Saft, Salzwasser, Essig, Seifenwasser ...

1 Baue den Leitungstester auf. → 6 Die Drahtenden müssen abisoliert sein. Die starren Kupferdrähte dürfen sich nicht berühren. Gieße eine Testflüssigkeit ins Becherglas. Wenn die LED leuchtet, leitet die Flüssigkeit den Strom gut. 🖉 Trage deine Beobachtungen in eine Tabelle ein. → 7 Gib an, welche Flüssigkeiten gut leiten.

Material C

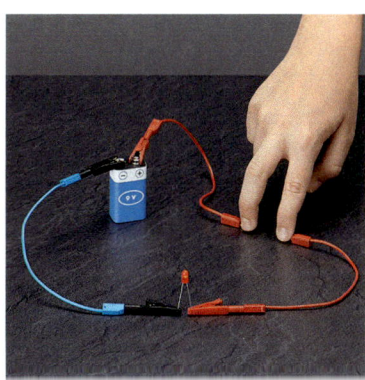

8 Geschlossener Stromkreis

Ein ungewöhnlicher Stromkreis

1 Die rote LED-Lampe leuchtet. → 8 Zwischen den beiden roten Kabeln ist doch aber eine breite Lücke! 🖉 Erkläre, wie der elektrische Stromkreis in diesem Fall dennoch geschlossen wird.

Wirkungen des elektrischen Stroms

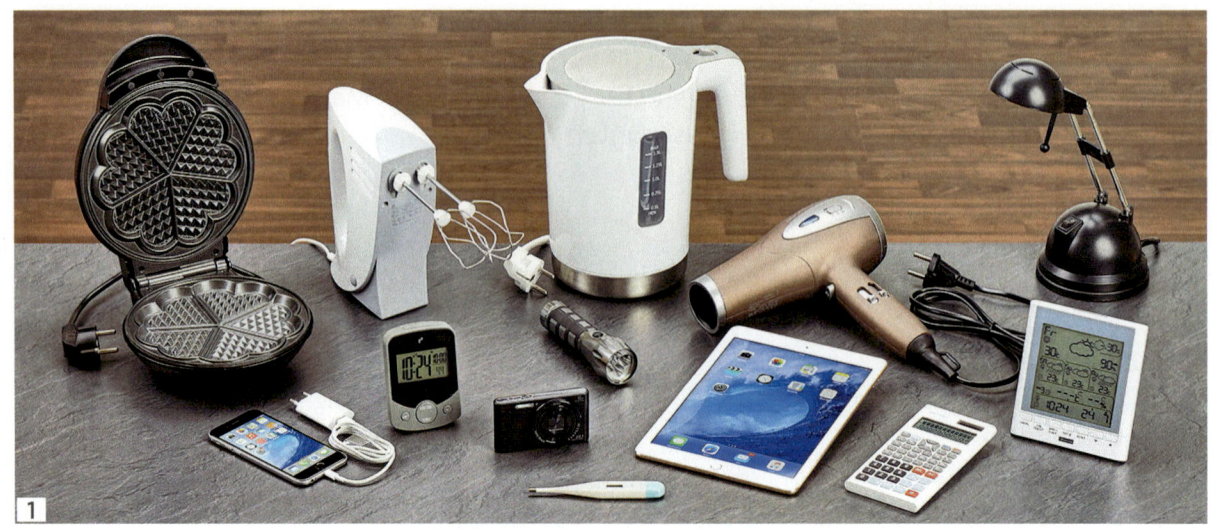

Elektrogeräte erleichtern uns das Leben. Sie haben verschiedene Aufgaben.

Elektrizität nutzen • Mit elektrischem Strom können wir Wasser kochen,
5 Kuchenteig rühren, unsere Haare trocknen oder ein Zimmer beleuchten. Dazu benötigen wir immer eine Elektrizitätsquelle. → ⎡2⎦ Als Elektrizitätsquellen können Batterien, Akkus, Dynamos,
10 Netzgeräte, Steckdosen oder Solarzellen eingesetzt werden. Ohne eine

Elektrizitätsquelle fließt kein elektrischer Strom. Wasserkocher, Mixer, Haartrockner und Lampen funktionie-
15 ren nicht. Sie brauchen elektrischen Strom, um ihre gewünschte Wirkung zu erzielen.

> Elektrogeräte brauchen eine Elektrizitätsquelle, um zu funktionieren. Sie nutzen den elektrischen Strom, um ganz unterschiedliche Wirkungen hervorzurufen.

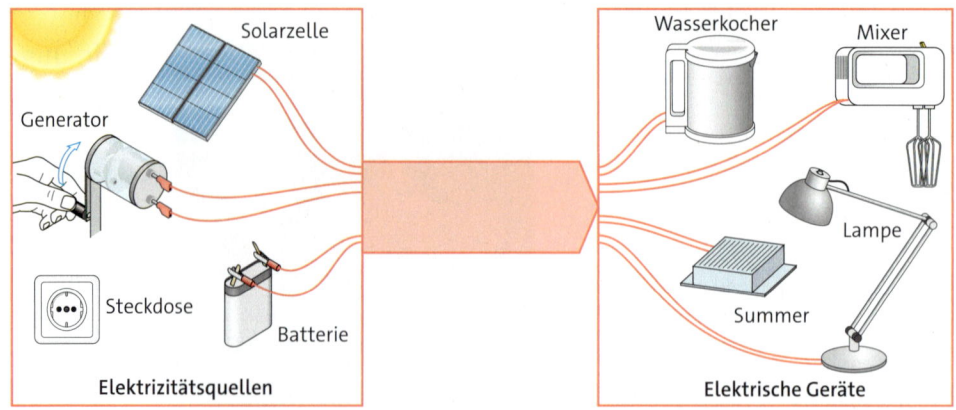

⎡2⎦ Elektrische Geräte können von unterschiedlichen Elektrizitätsquellen versorgt werden.

Wärmewirkung • Der elektrische Strom kann eine Wärmewirkung hervorrufen.
25 Das wird vor allem an den Heiz- oder Glühdrähten elektrischer Geräte sichtbar. ➔ 3 Die Heizspiralen dürfen nicht berührt werden. Sie sind deshalb häufig wie beim Bügeleisen in Keramik
30 eingebettet oder wie beim Haartrockner (Föhn) von einem schützenden Gehäuse umgeben.

Lichtwirkung • Glühlampen und Halogenlampen enthalten einen Draht, der
35 zu einer Wendel gewickelt ist. ➔ 4 Er wird bis zur Weißglut erhitzt und leuchtet dann. Glühlampen und Halogenlampen geben neben Licht viel Wärme ab, die nicht genutzt wird.
40 In Energiespar- und LED-Lampen wird Licht auf andere Weise erzeugt. ➔ 5 Sie erwärmen die Umgebung nicht so stark wie Glühlampen. Mikrowellen und Smartphones, die gerade senden,
45 erzeugen mithilfe des elektrischen Stroms eine unsichtbare Strahlung.

Magnetwirkung • Wenn elektrischer Strom durch eine Spule fließt, wirkt sie wie ein Magnet. Elektromagnete kön-
50 nen andere Magnete und magnetisierbare Gegenstände bewegen. Das wird in Elektromotoren genutzt. Man findet diese Motoren zum Beispiel in Bohrmaschinen und Haartrocknern. ➔ 6

55 **Chemische Wirkung** • Elektrischer Strom kann chemische Veränderungen in Stoffen hervorrufen. Das wird beim Laden von Akkus oder zum Beschichten von Metallen genutzt.

3 Toaster: rot glühender Heizdraht

4 Glühlampe: hell glühende Glühwendel

5 LED-Lampe: hell, aber nicht heiß

6 Haartrockner: Elektromotor mit Propeller und Heizdraht

Aufgaben

1 Elektrizität kann fast alles.
a ☒ Nenne 10 Geräte oder Maschinen, die mit elektrischem Strom betrieben werden.
b ☒ Nenne jeweils die Wirkung des elektrischen Stroms, die das Elektrogerät nutzt. Stelle die Ergebnisse in einer Tabelle zusammen.
c ☒ Nenne Geräte, bei denen eine unerwünschte Stromwirkung auftritt.

2 ☒ Nenne 5 Elektrogeräte, die bei Betrieb warm werden und deren Wärme wir nicht nutzen.

Wirkungen des elektrischen Stroms

Material A

Ein einfacher Toaster

Materialliste: Konstantandraht (50 cm lang, 0,2 mm dick), 2 Kabel, 2 Krokodilklemmen, Netzgerät (regelbar bis 12 V), Toastscheibe, Brettchen, Nägel

Achtung • Heißen Draht nicht berühren!

1 Baue das Modell eines Toasters nach. → ☐1

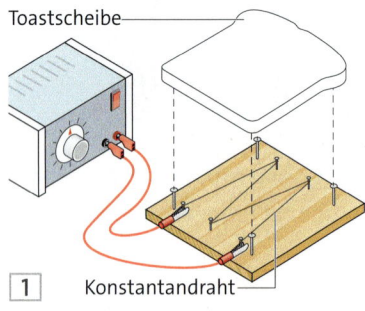

Toastscheibe —

☐1 Konstantandraht —

a Der Draht wird einmal um jeden Nagel gewickelt.
b Schließe die Drahtenden mit Krokodilklemmen und Kabeln an ein Netzgerät an.
c Regle das Netzgerät langsam hoch, bis der Draht zu glühen beginnt.
d Lege einen Toast auf und warte 2 Minuten.
☒ Beschreibe deine Beobachtungen.

2 ☒ Nenne Unterschiede zu einem Toaster im Haushalt.

Material B

Erwärmen und Licht durch elektrischen Strom

Materialliste: Glühlampe, Lupe, Konstantandraht (50 cm lang, 0,2 mm dick), Stricknadel, Isolatoren, Tonnenfüße, Kabel, Netzgerät (regelbar, 5 A)

1 ☒ Betrachte die Glühwendel der Lampe unter der Lupe. Beschreibe die Wendel.

2 ☒ Selbst gebaute Wendel
a Wickle den Konstantandraht eng um die Stricknadel. → ☐2 Ziehe die Nadel dann aus der Wendel heraus.

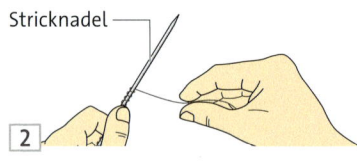

Stricknadel —

☐2

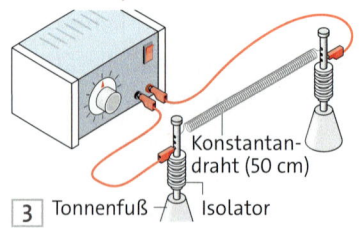

☐3 Tonnenfuß Isolator
Konstantandraht (50 cm)

b Schließe die Wendel an das Netzgerät an. → ☐3 Schalte es ein. Drehe den Regler, bis die Wendel glüht.

Achtung • Heißen Draht nicht berühren!

Material C

Magnetische Wirkung durch elektrischen Strom

In Elektromotoren erzeugen Magnete die Drehbewegung. Einer davon ist ein Elektromagnet. Baue und teste ihn (falls du das nicht schon getan hast).

Materialliste: Batterie (4,5 V), dünner lackierter Kupferdraht (1 m), Eisennagel, Büroklammern, Kompass

1 Baue das Gerät zusammen. Der Lack muss an beiden Enden des Kupferdrahts abgekratzt werden. → ☐4

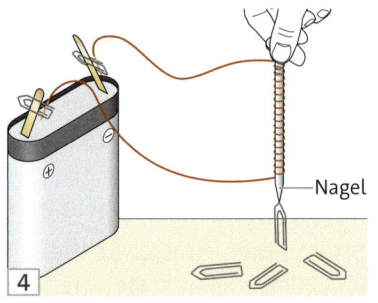

— Nagel

☐4

a ☒ Untersuche mit diesem Elektromagneten, welche Stoffe er anzieht.
b ☒ Probiere aus, wie dein Elektromagnet auf einen Kompass wirkt.
c ☒ In welchen Haushaltsgeräten könnten Elektromagnete verborgen sein? Stelle Vermutungen auf.

Material D

Bewegung durch elektrischen Strom

Materialliste: Elektromotor (6 V), 2 Flachbatterien, Umschalter, Kabel

1 ◫ Nenne Haushaltsgeräte mit Elektromotoren, bei denen man verschiedene Geschwindigkeiten einstellen kann.

2 Experimentiere nur mit dem Motor und den beiden Batterien. → 5 Verändere:
a ◫ die Drehrichtung des Motors
b ◫ die Geschwindigkeit des Motors

3 ◫ Baue das Modell eines Bohrers mit zwei Geschwindigkeitsstufen. Verwende den Umschalter, den Motor und zwei Batterien.

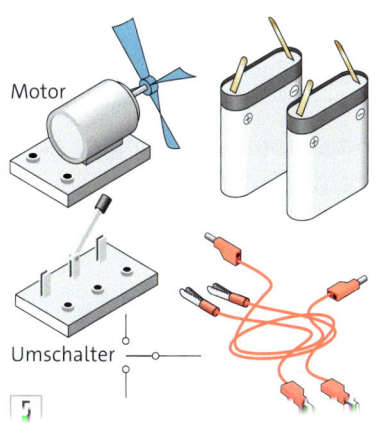

Motor

Umschalter

5

Material E

Chemische Wirkung

Mithilfe von elektrischem Strom können Oberflächen von Gegenständen aus Metall veredelt werden. → 6 7

1 ◫ Lies den Text. → 8
a Beschreibe, wie Metallstücke elektrisch veredelt werden.
b Gib Gegenstände an, die durch Galvanisieren veredelt werden.

6 Gabeln mit Silberüberzug

7 Verzinkte Gegenstände

Galvanisieren

Beispiel Fahrradlenker: Man taucht das Stahlrohr für den Lenker in eine elektrisch leitende Flüssigkeit und verbindet es mit dem Minuspol eines Netzgeräts. Am Pluspol ist ein Stück des Metalls Chrom angeschlossen und taucht in die Flüssigkeit ein. Die Oberfläche des Lenkers wird dann bei eingeschaltetem Strom mit einer dünnen Schicht Chrom überzogen. Das Stück Chrom am Pluspol löst sich auf. Diese Methode wird als Galvanisieren bezeichnet. Der dünne Metallüberzug soll das veredelte Werkstück vor Umwelteinflüssen schützen und für ein schön glänzendes Aussehen sorgen. Schmuck, Besteck und Autoteile werden mit Gold, Silber oder Chrom überzogen und erhalten so ihren Glanz. Schrauben und Nägel werden verzinkt, um sie gegen Rost zu schützen.

8 Galvanisieren

Sicherer Umgang mit Elektrizität

[1] **Achtung:** Lebensgefahr!

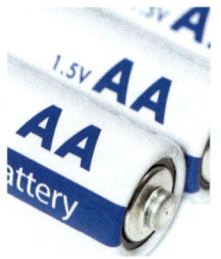

[2] AA-Batterie

Lebenswichtige Regel: In eine Steck-dose gehören nur gut isolierte Stecker.

Gefährliche Elektrizität • AA-Batterien liefern Elektrizität mit 1,5 Volt (1,5 V),
5 Flachbatterien mit 4,5 V. → [2] Diese Elektrizität ist für uns nicht gefährlich. Steckdosen liefern 230 V – das ist lebensgefährlich! Der Strom einer Steckdose kann in unserem elektrisch leitenden Körper Krämpfe und Verbren-
10 nungen verursachen. Das kann zum Herzstillstand und zum Tod führen!

Gefahr durch Berührung • Schon bei der Berührung eines defekten Kabels
15 oder Elektrogeräts kann es zu einem Stromschlag kommen. In diesem Fall wird der menschliche Körper Teil des Stromkreises. Um das zu vermeiden:

• Achte darauf, dass die Isolierung von
20 Gerätekabeln nicht beschädigt ist! Kabel dürfen nicht gequetscht werden, zum Beispiel in Türritzen.
• Fasse Kabel immer am Stecker an, wenn du sie aus der Steckdose
25 ziehst! Sonst könnte die Steckdose aus der Wand gerissen werden. Dann liegen nicht isolierte Drähte frei.

Gefahr im Wasser • Wasser leitet den elektrischen Strom. Deshalb gilt:
30 • Nimm Elektrogeräte nicht mit in die Badewanne!
• Reinige Elektrogeräte nicht unter Wasser!
Sonst kann es zu einem tödlichen
35 elektrischen Schlag kommen.

Hochspannung: Lebensgefahr • Hoch-spannungsleitungen haben bis zu 400 000 V! Je höher die Voltzahl ist, desto größer ist die Gefahr. Hochspan-
40 nungsleitungen musst du nicht ein-mal berühren: Schon bei einem Abstand von mehreren Metern kann es zu einem tödlichen Blitz kommen!
• Klettere niemals auf Strommasten!
45 • Lass Drachen nie in der Nähe von Hochspannungsleitungen steigen! Beides kann tödlich enden. → [3]

Vermeide Stromunfälle, indem du die Regeln befolgst!

[3] Lebensgefahr an Bahnanlagen und Hochspannungsleitungen

Aufgabe

1 ☑ Nenne wichtige Regeln für einen sicheren Umgang mit Elektrizität.

Material A

Regeln retten Leben

Beim Umgang mit Elektrizität gibt es wichtige Regeln, die dein Leben schützen sollen.

1 Die Bilder zeigen gefährliche Fehler. → 4 – 9

a ☒ Gib an, welche Fehler gemacht werden.

b ☒ Begründe, warum die Situationen gefährlich sind oder werden können.

c ☒ Beschreibe jeweils, wie du dich stattdessen richtig verhältst.

2 ☒ Entwirf ein Plakat zum Thema „Richtiger Umgang mit Elektrizität".

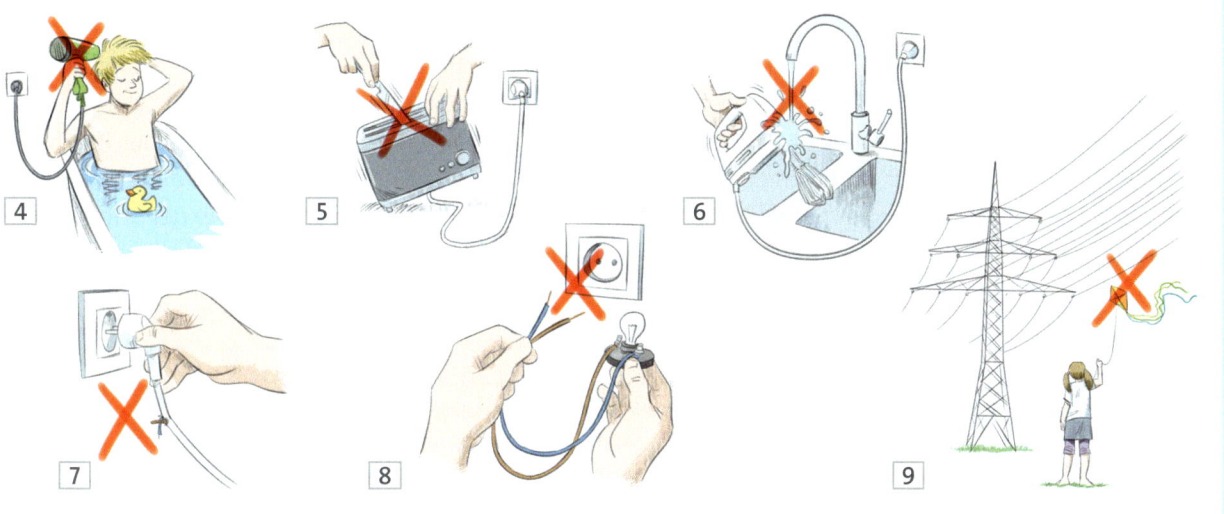

Material B

Tödliches Spiel

Auch ohne Berührung kann Elektrizität tödlich sein.

1 ☒ Lest die Meldung. → 10 Beschreibt, wie es zu dem Stromunfall kam.

2 ☒ Plant ein Rollenspiel, in dem Eltern ihre Kinder über die Gefahren von Hochspannungsleitungen informieren.

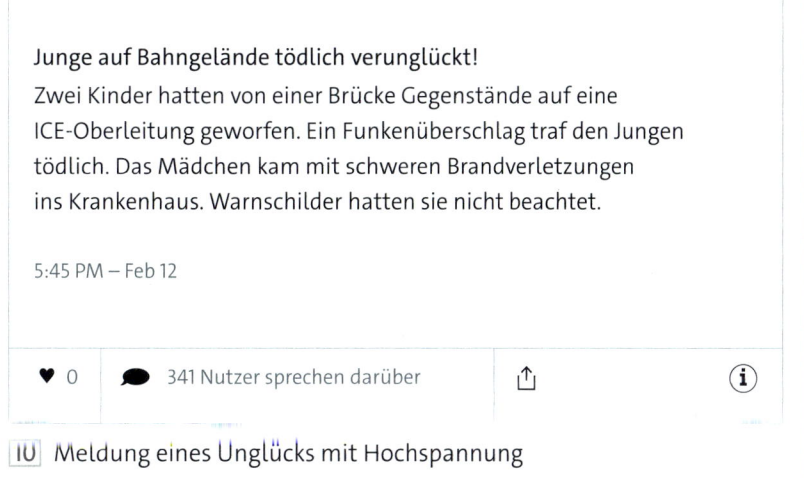

Junge auf Bahngelände tödlich verunglückt!
Zwei Kinder hatten von einer Brücke Gegenstände auf eine ICE-Oberleitung geworfen. Ein Funkenüberschlag traf den Jungen tödlich. Das Mädchen kam mit schweren Brandverletzungen ins Krankenhaus. Warnschilder hatten sie nicht beachtet.

5:45 PM – Feb 12

♥ 0   ● 341 Nutzer sprechen darüber   ↥   ⓘ

10 Meldung eines Unglücks mit Hochspannung

Elektrizität im Alltag

Zusammenfassung

So funktioniert ein Stromkreis • Elektrogeräte wie Lampen oder Elektromotoren funktionieren nur, wenn ihre beiden Kontakte durch je ein Kabel mit beiden Anschlüssen einer Elektrizitätsquelle verbunden sind. Der Stromkreis muss geschlossen sein. → [1]

Ein Schalter oder Taster schließt oder unterbricht einen Stromkreis. → [2]

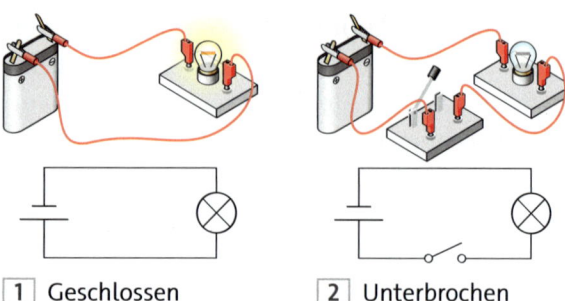

[1] Geschlossen   [2] Unterbrochen

Reihenschaltung • Die Geräte oder Schalter sind in einem gemeinsamen Stromkreis an die Elektrizitätsquelle angeschlossen. → [3] [4] Bei der Reihenschaltung zweier Taster läuft das elektrische Gerät nur, wenn der eine *und* der andere Taster betätigt werden (Waschmaschinenschaltung).

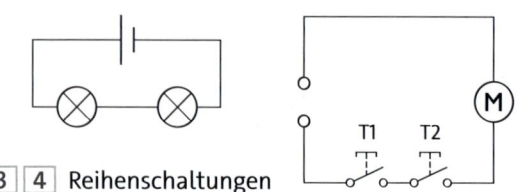

[3] [4] Reihenschaltungen

Parallelschaltung • Die Geräte oder Schalter sind in eigenen Stromkreisen an die Elektrizitätsquelle angeschlossen. → [5] [6] Bei der Parallelschaltung zweier Taster läuft das elektrische Gerät immer, wenn der eine *oder* der andere Taster betätigt wird (Türklingelschaltung).

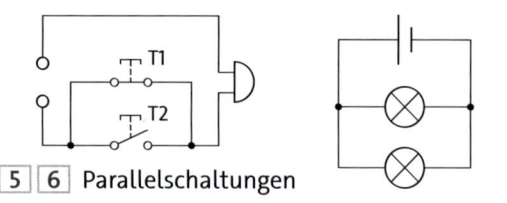

[5] [6] Parallelschaltungen

Nicht alles leitet • Alle Gegenstände aus Metall leiten elektrischen Strom gut. Salzige oder saure Flüssigkeiten gehören ebenfalls zu den Leitern. Auch unser Körper leitet.

Kunststoffe, Glas und Porzellan sind Nichtleiter (Isolatoren). Sie verhindern bei Kabeln und elektrischen Geräten, dass wir mit dem elektrischen Strom in Berührung kommen.

Wirkungen des elektrischen Stroms • Elektrogeräte nutzen den elektrischen Strom, um die gewünschte Wirkung hervorzurufen: Wärmewirkung, Lichtwirkung, magnetische Wirkung oder chemische Wirkung.

Sicherer Umgang mit Elektrizität • Befolge diese Sicherheitsregeln zu deinem Schutz:
• Experimentiere nicht mit der Steckdose!
• Fasse keine beschädigten Kabel an!
• Ziehe Kabel am Stecker aus der Steckdose!
• Lass Elektrogeräte nicht nass werden!
• Halte Abstand von Strommasten!

Achtung • Dein Körper darf nicht Teil eines geschlossenen Stromkreises mit der Steckdose sein – Lebensgefahr! → [7]

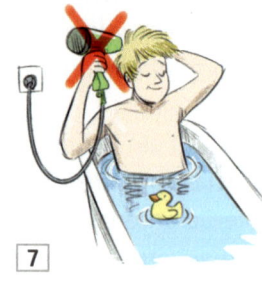

[7]

So funktioniert ein Stromkreis – Reihen- und Parallelschaltung

1 ☑ Die Lampe leuchtet nicht. → 8 Beschreibe, was hier falsch gemacht wurde.

2 In einer Kiste liegen mehrere Kupferkabel, Glühlämpchen und eine Flachbatterie.

a ☒ Du sollst testen, ob die Lampen funktionieren. Beschreibe, wie du vorgehst. Zeichne einen Schaltplan für den Lampentester.

b ☒ „Keines der Lämpchen leuchtet – sind alle kaputt?" Begründe deine Antwort.

3 ☒ Eine Lampe leuchtet nur, wenn zwei Schalter gleichzeitig geschlossen werden. Benenne die Schaltung und zeichne einen Schaltplan.

4 Du findest einen Teil eines Versuchsprotokolls mit einer Funktionstabelle. → 9

a ☑ Nenne die Schaltungsart.

b ☒ Zeichne den dazugehörigen Schaltplan.

c ☒ Nenne ein Einsatzgebiet für die Schaltung.

Nicht alles leitet

5 ☑ Nenne jeweils drei feste und flüssige Stoffe, die den elektrischen Strom leiten.

6 ☒ Erkläre, warum Stromkabel aus mehreren Schichten bestehen. Beschreibe die Funktion der einzelnen Schichten.

Wirkungen des elektrischen Stroms

7 Elektrische Geräte nutzen den elektrischen Strom, um verschiedene Wirkungen hervorzurufen. In einem Elektromotor bewirkt der

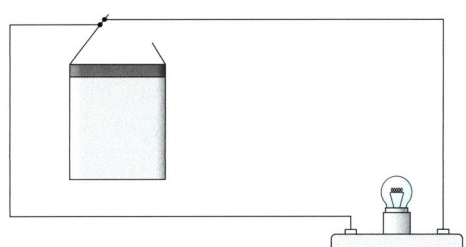

8 Die Lampe leuchtet nicht.

Schalter 1	Schalter 2	Lampe
aus	aus	aus
aus	ein	ein
ein	aus	ein
ein	ein	ein

9 Funktionstabelle einer Schaltung

Strom zum Beispiel, dass sich die Achse des Motors dreht.

a ☑ Nenne zwei weitere Beispiele für elektrische Geräte und die gewünschte Wirkung, die der Strom darin hervorruft.

b ☒ Zeichne einen Stromkreis (Schaltplan) mit einem der Geräte.

Sicherer Umgang mit Elektrizität

8 ☑ Nenne die wichtigsten Regeln im Umgang mit Elektrizität.

9 ☒ Begründe, warum es lebensgefährlich ist, wenn du Teil eines Stromkreises mit der Steckdose wirst.

Zum Nachschlagen

Magnete im Alltag – S. 29

1 a Magnete ziehen an: Eisen, Cobalt, Nickel.
b An den Polen ist die Anziehung am stärksten.
c Zwei Magnete stoßen sich ab, wenn sich gleichnamige Magnetpole gegenüberstehen.

2 Das eine freie Ende des Hufeisenmagneten ist der Nordpol und das andere der Südpol. Der Nordpol der Kompassnadel wird in der Nähe der Magnetpole zum Südpol des Magneten ausgerichtet.

3 Richtig: Der Scheibenmagnet hat (mindestens) einen Nordpol und einen Südpol.

4 a Man streicht mit einem Pol des Magneten mehrmals in gleicher Richtung über den Eisennagel.
b Beim Überstreichen werden die Elementarmagnete im Eisennagel einheitlich ausgerichtet:

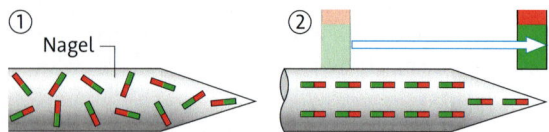

5 a Um den Magneten zu schwächen, kann man heftig mit dem Hammer auf den Magneten schlagen.
b Durch die heftigen Schläge wird die einheitliche Ausrichtung der Elementarmagnete aufgelöst.

6 Der Nordpol der Kompassnadel wird vom magnetischen Südpol der Erde angezogen. Dieser liegt in der Nähe des geografischen Nordpols.

7 a Skizze ähnlich wie Bild 1 auf Seite 24.
b Der Nordpol des Magneten dreht sich nach Norden – zum magnetischen Südpol der Erde hin.

8 a Ein Elektromagnet besteht aus einer Spule und einem Eisenkern.
b Die Spule mit Eisenkern wird an eine Batterie oder ein Netzgerät angeschlossen und der Strom eingeschaltet.
c Vergleich der Magnete siehe Tabelle rechts.

9 a Eine Spule ohne Eisenkern ist magnetisch, wenn ein elektrischer Strom durch den Spulendraht fließt. Die Aussage ist daher falsch.
b Der Eisenkern in der Spule verstärkt die magnetische Wirkung der Spule.

10 Man könnte den Stahlcontainer zwar auch mit einem Dauermagneten gut anheben, ihn dann aber nach dem Absetzen nicht mehr lösen, weil sich der Dauermagnet nicht abschalten lässt.

Licht und Schatten – S. 50/51

1 Lichtquellen (Beispiele): Sonne, Kerze, Taschenlampe, Handydisplay, Autoscheinwerfer
Lichtempfänger (Beispiele): Auge, Handykamera, grünes Blatt, Solarzelle

2 Das Licht des Deckenfluters wird von der weißen Decke in alle möglichen Richtungen gestreut und beleuchtet so das Zimmer.

3 Der Mond streut das Licht der Sonne zum Teil zur Erde hin und auf das weiße Papier. Das Papier streut das Streulicht des Monds. Ein Teil dieses Lichts fällt ins Auge.

4 In der Nacht sollten Fußgänger weiße Kleidung tragen, weil diese mehr Licht streut als schwarze Kleidung. Fußgänger sind dadurch besser zu sehen.

5 a Licht breitet sich geradlinig aus.
b Die Personen werden nur von der Bühne her beleuchtet. Ihre Rücken erhalten kein Licht und erscheinen deshalb dunkel.

6 a Lampe links: Der Schatten der Hand ist rechts auf dem Tisch neben der Hand.
Lampe rechts: Der Schatten der Hand ist links auf dem Blatt Papier.
b Der Standort 1 (links) ist günstiger, weil das Papier beleuchtet wird und der Schatten der Hand nicht auf das Papier fällt.

Stabmagnet	Elektromagnet
Er besteht aus magnetischen Stoffen.	Er besteht aus einer Spule und einem Eisenkern.
Er hat einen Nordpol und einen Südpol.	Er hat einen Nordpol und einen Südpol.
Magnetpole können nicht vertauscht werden.	Magnetpole können vertauscht werden.
Er zieht Eisen an.	Er zieht Eisen an.
Er ist dauernd magnetisch.	Er ist nur bei eingeschaltetem Strom magnetisch.

7 a Das Schattenbild entsteht auf dem Gehweg, weil Tanja schräg von oben beleuchtet wird.
b Skizzen zu Tanjas Schattenbild:

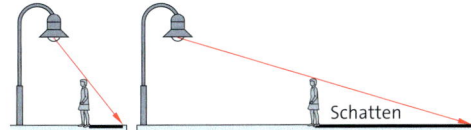

Schatten

8 a Der Stift muss nahe zur Kerze gehalten werden.
b Der Stift muss nahe zur Wand gehalten werden.

9 a Das Schattenbild des Stabs ist mittags am kürzesten. Die Sonne ist dann im Süden zu sehen.
b Das Schattenbild ist nach dem Sonnenaufgang und vor dem Sonnenuntergang am längsten.

10 „Schatten gibt's nur, wo Licht ist. In finsterer Nacht gibt es keine Schatten." Wenn ein beleuchteter Gegenstand Licht nicht durchlässt, fehlt hinter ihm Licht, der Gegenstand hat einen Schatten. Ohne Beleuchtung kann kein Licht fehlen, es gibt keine Schatten.
„Im Gegenteil, nachts gibt es nur Schatten!" Nachts ist es dunkel, weil die beleuchtete Erde das Sonnenlicht nicht durchlässt, auf ihrer Rückseite fehlt Licht. Wir befinden uns im Schatten der Erde.

11 „Tag und Nacht gibt es, weil die Sonne um die Erde kreist." Die Aussage ist falsch. Die Erde kreist um die Sonne. Tag und Nacht entstehen, weil sich die Erde innerhalb von 24 Stunden einmal um sich selbst dreht. Die Teile der Erde, die gerade von der Sonne beleuchtet werden, haben Tag. Die gerade nicht beleuchteten Teile der Erde haben Nacht.

12 Mondphase: Neumond

13 Zeichnung der Mondphasen:

Neu-
mond   Halb-
mond   Voll-
mond   Halb-
mond

Mond nimmt zu.   Mond nimmt ab.

14 Die drei Mondphasen kann man ähnlich wie im Material B auf Seite 43 (Bild 5) zeigen. Die Taschenlampe ersetzt den Tageslichtprojektor, der Kopf des Beobachters die Schülerinnen und Schüler in der Mitte und der Tischtennisball den Ball.

Vollmond: Stellung C (Bild 5, Seite 43)
Zunehmender Halbmond: Stellung B
Abnehmender Halbmond: Stellung D

15 Auf der Wand ist in der Mitte der Kernschatten zu sehen. Rechts und links sind Halbschatten.
Im Kernschatten kommt weder das Licht der linken Kerze noch das Licht der rechten Kerze auf der Wand an. Im rechten Halbschatten beleuchtet nur die rechte Kerze die Wand, im linken Halbschatten nur die linke.

16 Um das Bild zu erzeugen, wurde eine Person nahe der Wand mit einer blauen und einer roten Lampe beleuchtet.
In den dunklen Kernschatten dringt kein Licht.
In die roten Halbschatten dringt nur Licht der roten Lampe. Die rote Lampe beleuchtet die Person von schräg links hinten.
In die blauen Halbschatten dringt nur Licht der blauen Lampe. Die blaue Lampe beleuchtet die Person von schräg rechts hinten.

17 Bei einer Sonnenfinsternis ist die Reihenfolge der Himmelskörper: Sonne, Mond, Erde. Ein Teil der Erde wird vom Mond verdeckt.
Bei einer Mondfinsternis ist die Reihenfolge der Himmelskörper: Sonne, Erde, Mond. Der Mond wird von der Erde verdeckt.
Zeichnungen der beiden Finsternisse:

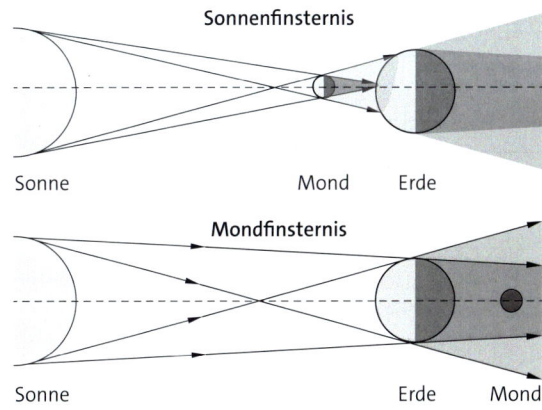

Sonnenfinsternis

Sonne   Mond   Erde

Mondfinsternis

Sonne   Erde   Mond

Reflexion, Brechung und Farben – S. 69

1 Das Licht wird auf den Punkt A reflektiert. Einfallswinkel und Reflexionswinkel sind gleich groß.

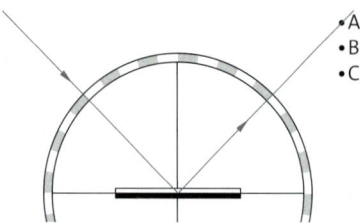

2 Die Person sieht die Blume:

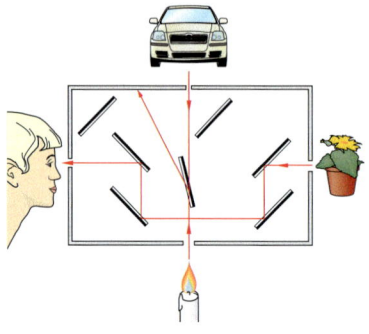

3 Das Auto wird nach rechts abbiegen. Rechts und links sind im Spiegel nicht vertauscht.

4 Der Lichtstrahl 3 gelangt in das Auge des Freunds. An der Wasseroberfläche werden die Lichtstrahlen, die aus dem Wasser kommen, vom Lot weg gebrochen. Die fortgesetzten Strahlen 1 und 2 verlaufen dann so flach, dass sie das Auge nicht treffen.

5 Der Fischer muss auf den Punkt C zielen. Das Streulicht vom Fisch wird an der Wasseroberfläche vom Lot weg gebrochen. Der Fischer sieht den Fisch daher scheinbar höher, als er in Wirklichkeit ist. Deshalb muss der Fischer tiefer zielen.

6 a Das Licht fällt zunächst schräg auf die Grenzfläche zwischen Luft und Glas und beim Austritt aus dem Prima schräg auf die Grenzfläche zwischen Glas und Luft. An beiden Übergängen wird das Licht gebrochen, seine Richtung ändert sich.
b Weißes Licht besteht aus Licht mit ganz vielen verschiedenen Farben. Die verschiedenen Farben werden vom Prisma unterschiedlich stark gebrochen. Sie laufen deswegen hinter dem Prisma auseinander. Man sieht das farbige Spektrum des Lichts.

7 Ein Hemd sieht im Sonnenlicht weiß aus, weil es alle Spektralfarben streut.

Wie wir sehen – S. 85

1 a Das Bild auf dem Schirm hat die Form einer kopfstehenden Flamme.
b Die Lochblende muss näher zur Kerze geschoben werden.

2 Das Foto steht auf dem Kopf. Das Bild des Baums, der aufrecht steht, müsste an der Rückseite des Tropfens auf dem Kopf stehen.

3 a Dünne Sammellinse:

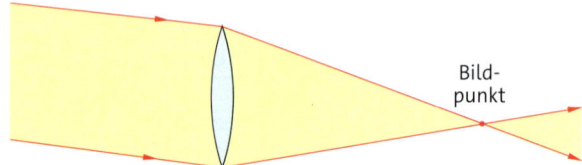

Bildpunkt

b Je schwächer eine Sammellinse gewölbt ist, desto größer ist die Bildweite.

4 Netzhaut 5, Hornhaut 1, Ringmuskel 4, Sehnerv 6, Augenlinse 3, Pupille 2

5 In Bild 11 sieht man den Kalender scharf, der weiter vom Auge entfernt ist. Die Augenlinse ist schwach gewölbt, sie bricht das Licht nur schwach.
In Bild 12 sieht man die Rose scharf, die näher am Auge ist. Die Augenlinse ist stark gewölbt, sie bricht das Licht nun stärker.

6 a Kurzsichtige sehen nahe Dinge scharf. Weit entfernte Dinge sehen sie unscharf.
b Stephans Brille enthält Zerstreuungslinsen.
c Kurzsichtige haben einen längeren Augapfel als normal. Das scharfe Bild ferner Gegenstände entsteht deshalb vor der Netzhaut. Die Zerstreuungslinse in der Brille lässt das Licht weiter auseinanderlaufen als zuvor. Dadurch führt die Augenlinse das Licht erst weiter hinten zusammen – auf der Netzhaut.
d Weitsichtige sehen weit entfernte Dinge scharf. Nahe Dinge sehen sie unscharf.
Weitsichtige benötigen eine Brille mit Sammellinsen.
Bei Weitsichtigen würde das scharfe Bild naher Gegenstände erst hinter der Netzhaut entstehen. Die Sammellinse in der Brille lässt das Licht stärker zusammenlaufen als zuvor. Dadurch führt die Augenlinse das Licht schon weiter vorn zusammen – auf der Netzhaut.

Elektrizität im Alltag – S. 103

1 Beide Leitungen von der Lampe sind mit ein und demselben Pol der Batterie verbunden. Damit die Lampe leuchten kann, muss aber jeder Pol der Batterie mit einem Kontakt der Lampe verbunden sein.

2 a Je eine Lampe wird in einen einfachen Stromkreis mit der Batterie eingebaut.
Schaltplan:

b Dass alle Lampen kaputt sind, ist unwahrscheinlich. Sie können auch aus anderen Gründen nicht leuchten: Vielleicht ist eines der Kabel defekt oder die Batterie ist leer.

3 Reihenschaltung von Schaltern
Schaltplan:

4 a Parallelschaltung von Schaltern
b Schaltplan:

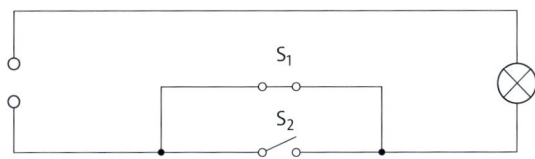

c Einsatzgebiet: Klingelschaltung

5 Feste Stoffe, die leiten (Beispiele): Eisen, Kupfer, Aluminium
Flüssigkeiten, die leiten (Beispiele): Limonade, Essig, Salzwasser

6 Stromkabel bestehen aus einem elektrischen Leiter und einem nicht leitenden Mantel. Der Mantel schützt uns vor dem elektrischen Strom, der in dem elektrischen Leiter fließt.

7 a Elektrische Geräte und ihre Wirkung (Beispiele): Wasserkocher: Wärmewirkung; Glühlampe: Lichtwirkung
b Schaltplan mit einer Glühlampe siehe Lösung zu Aufgabe 2.

8 Experimentiere nie mit der Steckdose.
Fasse keine beschädigten Kabel an!
Ziehe Kabel am Stecker aus der Steckdose!
Lass Elektrogeräte nicht nass werden!
Halte Abstand von Strommasten!

9 Unser Körper besteht zu zwei Dritteln aus salzhaltigem Wasser, das den elektrischen Strom leitet. Der Strom einer Steckdose mit 230 V kann im Körper Krämpfe und Verbrennungen verursachen. Das kann zum Herzstillstand und zum Tod führen!

BEGRÜNDEN?
VERGLEICHEN?
BESCHREIBEN?
ERLÄUTERN?
ORDNEN?
ERKLÄREN?

Nenne – Gib an

Notiere Namen oder Begriffe.

Aufgabe: Nenne drei Lichtquellen.

Lösung: Sonne, Lampe, Display vom Handy

Beschreibe

Formuliere so genau (mit Fachwörtern), dass ein anderer es sich gut vorstellen kann.

Aufgabe: Die Kerze wird immer weiter von der Sammellinse entfernt. Beschreibe, wie sich das scharfe Bild der Kerzenflamme verändert.

Lösung: Das scharfe Bild der Kerzenflamme rückt immer näher an die Linse heran und wird dabei kleiner und heller. Es kommt aber nicht beliebig nahe an die Linse heran.

Die meisten Aufgaben in diesem Buch beginnen mit einem Verb:
• **Nenne** die fünf …
• **Beschreibe** die Vermehrung eines …
• **Begründe**, weshalb die …
• **Erläutere** an einem Beispiel …
• …
Diese Verben geben an, was du tun sollst, um die Aufgaben zu lösen.

Ordne

Teile in Gruppen ein.
Lege z. B. Listen oder Tabellen an.

Aufgabe: Ordne die folgenden Stoffe in elektrische Leiter und Nichtleiter:
Eisen, Salzwasser, Kunststoff, Kupfer, Limonade und Holz.

Lösung:
Leiter: Eisen, Salzwasser, Kupfer, Limonade
Nichtleiter: Kunststoff, Holz

Vergleiche

Stelle Gemeinsamkeiten und Unterschiede dar.

Aufgabe: Vergleiche einen Stabmagneten und einen Hufeisenmagneten.

Lösung: Beide Magnete sind Dauermagnete und haben je einen Nordpol und einen Südpol an ihren freien Enden. Beide Magnete haben ein Magnetfeld.
Der Hufeisenmagnet ist wie ein Hufeisen geformt, der Stabmagnet wie ein Stab.

Erkläre – Begründe

Verstehe, wie etwas funktioniert oder aufgebaut ist. Gib die wichtigen Gründe oder Ursachen an.

Aufgabe: Erkläre, warum du diesen Text erkennen und lesen kannst, obwohl er nicht leuchtet.

Lösung: Licht von der Sonne oder einer anderen Lichtquelle fällt auf die Buchseite, wird gestreut und gelangt in mein Auge. Auf der Netzhaut des Auges entsteht ein Bild der Buchseite. Mein Gehirn wertet die Signale aus, die es vom Sehnerv erhält, und erkennt den Text.

Erläutere

Erkläre ausführlich anhand von Beispielen.

Aufgabe: Erläutere den Begriff Schattenbild.

Lösung: Über unserem Esstisch hängt eine helle Lampe. Wenn ich meine Hand zwischen die leuchtende Lampe und den Tisch halte, ist auf dem Tisch ein Schatten mit dem Umriss meiner Hand zu sehen. Das ist das Schattenbild meiner Hand.

Nimm Stellung – Bewerte

Entscheide, ob du einer Aussage zustimmst. Begründe dann deine Entscheidung.

Aufgabe: „Tag und Nacht gibt es, weil die Erde um die Sonne kreist." Nimm Stellung zu dieser Aussage. Erkläre, wie Tag und Nacht entstehen.

Lösung: Die Aussage ist falsch. Tag und Nacht entstehen, weil sich die Erde innerhalb von 24 Stunden einmal um sich selbst dreht. Die Teile der Erde, die gerade von der Sonne beleuchtet werden, haben Tag. Die anderen Teile der Erde haben Nacht.

Skizziere

Fertige ein einfaches Bild an, das auf den ersten Blick verständlich ist.

Aufgabe: Skizziere den Sonnenstand und das Schattenbild eines Schattenstabs im Verlauf eines Tages. Gib die Himmelsrichtungen an.

Lösung:

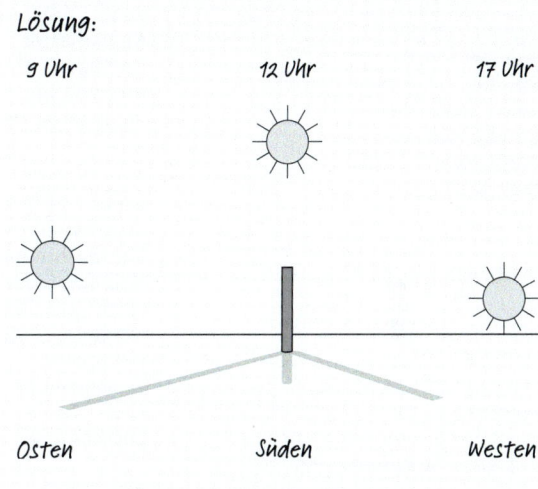

Zeichne

Gib dir Mühe, ein genaues und vollständiges Bild anzufertigen.

Hinweis: Lernwörter sind fett gedruckt.

Bildquellenverzeichnis

Cover
Shutterstock.com: Anna Omelchenko (oben); Anteromite (unten links) | Sofarobotnik GbR (Origamivogel)

Fotos
akg-images: PHOTO CNES: S. 47/7 | Cornelsen: Heinz Mahler: S. 39/4, 67/4+5, 77/8; Jochim Lichtenberger: S. 51/5, 82/3; Markus Gaa Foto-design: S. 20/1–3, 31/l., 36/2+3, 44/1, 45/6, 51/4, 58/2l.+3l., 60/3, 63/6, 66/1, 71/r., 73/7, 74/1, 75/7, 90/1, 91/8 Bauteile, 95/8, 96/1; Sven Theis: S. 75/ 5+6; Thomas Gattermann: S. 97/6; Volker Döring: S. 45/5, 47/5, 55/3, 56/1, 60/2, 69/14, 72/3; Volker Döring (Foto), Rai-ner Götze (Beschriftung): S. 44/2; Volker Minkus: S. 4/u., 6/2+3, 17/8, 18/1, 50/1, 56/4, 58/1r.+l., 85/11+12, 86 | Colourbox: S. 35/6 | Deposit-photos: Marina Axelsson: S. 4/o., 52 | dpa Picture-Alliance/RoHa-Fotothek Fürmann/SZ Photo/Sueddeutsche: S. 41/5; dpa: S. 72/1+2; Picture-Alliance: fStop: S. 89/4, JOKER: S. 100/3r. | F1online/Jochen Tack: S. 35/5 | Fruhmann GmbH NTL, Bad Mergentheim: S. 81/9+10 | Imago Stock & People GmbH: Bernhard Classen: S. 26/1; Design Pics/Dave Fleetham: S. 4/m., 70; imagebroker/imageBROKER/W. Rolfes: S. 40/1; nordpool/Tittel: S. 99/6 | interfoto e.k.: CLICKALPS/ Stefano Caldera: S. 42/1; Danita Delimont/Rolf Nussbaumer: S. 46/1 | mauritius images/alamy stock photo: blickwinkel: S. 47/6; Ian Shaw: S. 13/l.; James Boardman: S. 25/3; Jenny Bohr: S. 89/3; Lawren Lu: S. 36/1; Luis Baneres: S. 6/1; Michael Patrick O'Neill: S. 25/4; nito: S. 53/l.; Philip Lewis: S. 93/7; Ted Foxx: S. 85/8; Charles D. Winters/ Science Source: S. 99/7; Image Source: S. 71/l.; Klaus Scholz: S. 62/1; Markus Hertrich: S. 54/1; Westend61: S. 24/2 | Panther Media GmbH/ Rilo Naumann: S. 22/3 | Shutterstock.com: AstroStar: S. 43/3; Bacho: S. 94/1; byswat: S. 8/2; Lisa A: S. 64/1; Marco Barone: S. 32/1; Nick Ka-shenko: S. 22/1; pattarastock: S. 75/8; Vladimir Arndt: S. 97/5; yani-kap: S. 3/u., 30 | Sciencephotolibrary: Bova, John: S. 31/r.; DETLEV VAN RAVENSWAAY: S. 46/2; Giphotostock: S. 76/1 | stock.adobe.com: A. and I. Kruk/Ivan Kruk: S. 14/1; Africa Studio: S. 3/o., 12; Andrey Bur-makin: S. 34/4; Auttapon Moonsawad: S. 100/2; Brad Pict: S. 87/r.; Christian Müller: S. 53/r.; ehrenberg-bilder: S. 79/6; eugenesergeev: S. 80/1, fotofabrika: S. 97/4; Fiedels: S. 82/1; Herbie: S. 79/7; indus-trieblick: S. 67/3; karamysh: S. 87/l.; LVDESIGN: S. 50/2; petaran: S. 13/r.; phanthit malisuwan: S. 64/2+3; Ronald Rampsch: S. 100/3 l.; Sergey Novikov: S. 39/7

Illustrationen
Cornelsen: Inhouse: S. 15/8, 105/alle; Laura Carleton: S. 38/1; Maryse Forget & Robert Fontner-Forget: S. 108; Thomas Gattermann: S. 11/ 4–8; Rainer Götze: S. 7/4+5+7, 10/2, 11/3, 14/2–4+5, 15/6+7, 16/2–4, 17/5–7, 19, 20/4+5, 21/6, 22/2, 23/4+5, 24/1, 26/2+4+5, 26/3, 27/6+7, 28/alle, 29/alle, 32/2+3, 33/alle, 34/1+3, 36/4, 37/5–7, 38/2+3, 39/5+6, 40/2+3, 41/4+6, 42/2, 43/5, 44/3, 45/4, 46/3+4, 48/alle, 49/alle, 50/3, 54/2, 55/4, 56/2+3, 57/5, 58/2r.+3r., 59/alle, 60/1, 61/alle, 62/2–4, 63/5, 64/4+5, 65/6–9, 66/2, 67/6, 68/alle, 69/9–13, 73/5+6, 74/2+3, 75/4, 76/2–5, 77/6, 78/alle, 79/8, 80/2–6, 81/7+8, 82/2, 83/7+8, 84/al-le, 85/7+9+10, 90/2–5, 91/8 Zeichnungen+Schaltzeichen, 91/6+7, 92, 93/5–8, 94/2, 95/4+6, 96/2, 98/alle, 99/5, 101/10, 102/1–6, 103/alle, 104, 106/alle, 107/alle, 109; Matthias Pflügner: S. 7/6, 10/1, 21/7, 57/6+7, 72/4, 79/4, 83/5+6, 88, 89/5, 93/3, 100/1, 101/4–9, 102/7, | Sofarobotnik GbR: S. 1, 2